# LES MYSTÈRES

# BOULEVARD DES INVALIDES

MICHEL LÉVY FRÈRES, ÉDITEURS

OUVRAGES

DE

# CHARLES MONSELET

Format grand in-18

F. AUREAU. — Imprimerie de Lagny.

# LES MYSTÈRES

## DU

# BOULEVARD DES INVALIDES

### PAR

## CHARLES MONSELET

NOUVELLE ÉDITION

M · L

PARIS

MICHEL LÉVY FRÈRES, ÉDITEURS

RUE AUBER, 3, PLACE DE L'OPÉRA

LIBRAIRIE NOUVELLE

BOULEVARD DES ITALIENS, 15, AU COIN DE LA RUE DE GRAMMONT

1874

# LES MYSTÈRES

## DU

# BOULEVARD DES INVALIDES

## CHAPITRE I [1]

### Le mariage.

Une foule considérable montait le grand escalier qui mène au somptueux péristyle de la Madeleine.

Au lieu d'une foule, peut-être ferions-nous mieux de dire *la foule*, car c'était un assemblage étrange et particulièrement disparate que celui qui couvait les degrés du temple ce jour-là. Les femmes, qui étaient en majorité, appartenaient à toutes les classes de la société, aux plus élevées comme aux plus humbles, aux salons, aux comptoirs, aux ateliers et même aux antichambres. L'heure n'était cependant rien moins que propice à la réunion de ces conditions si différentes : c'était le milieu du jour.

La même diversité, le même contraste se manifestaient dans la longue file de carrosses qui décrivait une imposante ceinture au monument. Il y avait là des calèches argentées à tous leurs axes et à tous leurs ressorts, attelées à d'impatientes bêtes qui faisaient sonner leurs sabots ; il y avait des coupés coquets et vernis, des cabriolets heureux d'une immobilité profitable, des

1. L'épisode qui précède *les Mystères du boulevard des Invalides*, a pour titre *la Franc-Maçonnerie des femmes*.

4

fiacres énormes à contenir douze remplaçants militaires, et enfin quelques-uns de ces véhicules innommables, indescriptibles, qui semblaient tenir le milieu entre le caisson industriel, la tapissière sautillante et le coucou de grivoise allure.

Quel pouvait être l'événement capable de faire affluer vers la Madeleine tant d'éléments opposés?

On remarquera que nous avons dit le temple, le monument, la Madeleine, et que nous n'avons pas dit l'église. C'est qu'il nous est presque impossible d'évoquer l'Évangile sous cette frise grecque, pas plus que de retrouver Sainte-Geneviève dans le Panthéon. Il nous faut avant tout un clocher. Sans clocher, nous ne sommes plus qu'un croyant dépaysé et mal à l'aise.

C'était au maître autel de la Madeleine que se célébrait en grande pompe le mariage de M¹¹ᵉ d'Ingrande avec Philippe Beyle.

On sait que la comtesse avait quitté Paris exprès pour ne pas assister à cette cérémonie.

Néanmoins, une notable portion de l'aristocratie parisienne était représentée à ce mariage. La nef se trouvait encombrée au delà des proportions ordinaires : il est vrai d'ajouter qu'il s'agissait d'une messe en musique, exécutée avec le concours d'un grand nombre de virtuoses renommés.

Un observateur très-attentif aurait peut-être eu le droit de s'étonner en voyant les regards fréquents que la marquise de Pressigny jetait à droite et à gauche de l'édifice, dans les moments de distraction qu'entraîne inévitablement une messe en musique, et les coups d'œil d'intelligence qu'elle échangeait çà et là avec des femmes en apparence d'une condition au-dessous de la moyenne.

Mais, nous le répétons, il aurait fallu que cet observateur fût très-attentif.

Pour nous, qui possédons des priviléges auxquels un simple observateur ne pourrait prétendre, nous dirons que la Franc-Maçonnerie des Femmes avait là un grand nombre de ses membres, et qu'on était venu de toutes parts pour honorer la marquise de Pressigny dans le mariage de sa nièce.

La messe eut une durée digne du rang et de l'opulence des nouveaux époux.

De temps en temps, quand les chanteurs se taisaient, les orgues se prenaient à rugir.

L'orgue est un instrument sacré, et nous ne saurions trop regretter qu'on en ait fait un instrument profane.

Quel était l'artiste qui s'était chargé, à l'occasion du mariage de Philippe Beyle, de rouler sur les têtes pieusement inclinées ces tonnerres d'opéra, de changer les tuyaux en batterie d'artillerie, et tantôt, par une opposition puérile et ridicule, de s'efforcer de leur faire rendre les sons nasillards du biniou breton? Il se pourrait que ce fût un artiste de talent, mais certainement ce n'était qu'un médiocre chrétien.

Après une dernière décharge de notes qui ébranla tout l'énorme vaisseau de la Madeleine, il consentit à se taire. Il devait être en sueur. L'effet qu'il avait produit, du reste, n'était autre qu'une épouvante à peu près générale.

Le silence qui se fit ensuite, et qui dura quelques secondes, ramena les esprits au sentiment religieux.

Philippe Beyle portait son bonheur noblement, c'est-à-dire simplement. Il s'était retrempé dans son amour pour Amélie. En même temps qu'il s'élevait, sa pensée s'était élevée et purifiée. Maintenant il était vraiment à la hauteur de sa nouvelle position, et il se sentait préparé pour les devoirs qu'elle lui créait. Nous ne dirons pas qu'il était devenu un nouvel homme, mais il était devenu l'homme qu'il avait toujours rêvé d'être et que les événements l'avaient jusqu'à présent empêché d'avoir été. On devinait, à la sérénité répandue sur son front, que Philippe allait désormais dater sa vie de cette heure solennelle et de cet amour unique ; on comprenait qu'il ne gardait même pas rancune à son passé, qu'il avait voulu l'oublier, et qu'il l'avait oublié en effet, entièrement, absolument.

La messe touchait à sa fin.

Les ténors avaient lancé leurs dernières notes vers la voûte dorée.

Le prêtre allait descendre de l'autel.

Il se faisait déjà dans l'assistance cette rumeur légère qui précède tous les dénoûments, et, par habitude, les yeux se tournaient vers l'orgue. On attendait ces derniers accords qui, semblables à une marche triomphale, accompagnent ordinairement les époux au seuil de la sacristie.

Mais, à la place de la symphonie obligée, ce fut une voix qui s'éleva, puissante et terrible, et qui entonna ce chant funèbre :

> Dies iræ, dies illâ,
> Solvet sœclum in favillâ,
> Teste David cum Sibyllâ !

« O jour d'ire et de vengeance qui réduira l'univers en cendre, comme l'attestent David et la Sibylle ! »

Une sensation de terreur parcourut toute l'assemblée.

La voix était magnifique d'ailleurs ; c'était une voix de femme.

Cette voix, comme si elle eût voulu profiter de la stupeur unanime, reprit, d'une voix plus vibrante encore :

> Quantus tremor est futurus,
> Quando Judex est venturus,
> Cuncta strictè discussurus !

« Quelle sera la frayeur des hommes quand le Juge paraîtra pour discuter rigoureusement leurs actions ! »

Ce cantique, que l'on n'entonne que dans les cérémonies de deuil, glaça tous les auditeurs.

Philippe Beyle, le premier, s'était redressé par un mouvement involontaire.

Sa physionomie s'était contractée ; pâle et fléchissant, il avait été obligé de s'appuyer au dossier de sa chaise pour ne pas tomber.

Il avait reconnu la voix de Marianna.

Philippe baissa la tête, et il eut peur pour la première fois de sa vie. C'était le passé qui venait ressaisir sa proie.

Amélie, en jetant les yeux sur lui, fut surprise de sa frayeur ;

un nuage passa sur sa félicité, et mille suppositions s'éveillèrent dans son esprit innocent.

Sur ces entrefaites, le maître des cérémonies se hâta d'inviter les mariés à passer dans la sacristie pour signer l'acte sacramentel. Il fut obligé de s'adresser deux fois à Philippe, qui n'entendait rien, rien que cette voix d'en haut et ce sinistre *Dies iræ*, qui durait toujours !

A peine Philippe Beyle et Amélie eurent-ils disparu, suivis d'un long cortége de parents et d'amis, qu'un groupe de femmes, qui s'étaient comptées de l'œil et qu'un même dessein venait de rapprocher de la grande porte, s'élancèrent aussitôt par l'escalier qui mène à l'orgue.

Dans cet incident étrange elles avaient soupçonné tout de suite une pensée de maléfice, dans ce chant lugubre une malédiction sur les nouveaux époux, et elles voulaient connaître celle qui avait été assez hardie pour lancer cette malédiction jusque dans le temple de Dieu !

Elles se précipitèrent donc à sa rencontre.

Mais au moment où elles montaient en tumulte, une femme descendait tranquillement.

Cette femme s'arrêta.

Elle n'eut qu'un mot à prononcer, qu'un signe à faire ; — et les autres femmes, consternées, se rangèrent pour la laisser passer

# CHAPITRE II

## Marianna.

Encore sous l'impression pénible de la scène de l'église, M<sup>me</sup> de Pressigny se trouvait seule dans son appartement, le lendemain, lorsqu'on lui apporta une lettre.

Cette lettre était datée de la petite ville d'Épernay.

« Accourez, madame, car j'ai à vous remettre mon testament, je suis mourante. »

Ce peu de mots était signé : Caroline Baliveau.

M<sup>me</sup> Baliveau était une des sœurs les plus obscures de l'association féminine ; mais dans l'association, les degrés d'obscurité n'étaient pas plus comptés que les quartiers de noblesse.

Devant une invitation aussi pressante, la marquise de Pressigny ne pouvait pas hésiter.

Il s'agissait d'un testament à recevoir, car l'hérédité n'était pas une des bases de la Franc-Maçonnerie des Femmes. Chacune avait le droit de désigner celle qu'elle désirait voir appelée à sa succession mystérieuse.

La marquise fit immédiatement demander des chevaux de poste pour le soir.

A peine cet ordre était-il donné qu'on lui annonça une visite.

Elle se leva pour recevoir une femme qui était vêtue de deuil.

Mais elle recula immédiatement à cette vue.

— Est-ce que je me trompe ? murmura-t-elle.

— Non, madame la marquise, vous ne vous trompez pas ; je suis bien la Marianna, ou, si vous l'aimez mieux, Marianne Rupert.

— Vous ! dit la marquise en joignant les mains de terreur.

— Ne vous attendiez-vous point à me revoir, madame ?

— Mais, vous-même, ignorez-vous donc qu'on vous croit morte ?

— Oh ! vous vous êtes bien hâtée de croire à ma mort ! dit Marianna avec un sourire funeste.

— J'ai partagé l'erreur de tout le monde, reprit la marquise en frémissant.

— Vraiment ?

— A Marseille, où j'ai écrit, on raconte encore les moindres circonstances de votre suicide.

— Ah ! vous avez écrit ?

— Une personne de notre association m'a répondu : c'est sa conviction qui a décidé de la mienne. Plus tard, cette nouvelle a été confirmée par les journaux.

— Je l'ai lue, en effet, dit Marianna avec sang-froid.

— Mais vous, madame, qui paraissez me blâmer d'ajouter foi à cette lugubre comédie, quel était votre but en la jouant ?

— Mon but ? Ah ! un but impossible à atteindre ! répondit-elle en soupirant ; je voulais ne plus vivre que pour Irénée.

— Irénée ! dit la marquise avec une cruelle appréhension.

— C'est son deuil que je porte.

— Oh ! le malheur partout ! s'écria M^{me} de Pressigny ; vous êtes une fatale messagère, madame.

— Il est bien mort, lui ! reprit Marianna sans l'entendre et comme attendrie par ce souvenir.

— Pauvre enfant !

— Ses souffrances ont été affreuses, son agonie a été déchirante ; il est mort comme il a vécu, en martyr. Ah ! son sang crie vengeance aussi !

— Vengeance ? répéta la marquise en attachant sur elle un regard plein d'anxiété.

Il n'en fallut pas davantage à ces deux femmes pour se comprendre.

— Oui, madame, vengeance ! continua Marianna ; c'est le seul sentiment qui domine en moi. Je m'étais trompée en croyant pouvoir faire de ma vie un sacrifice à Irénée ; ma vie appartenait tout entière à la haine, et c'est à la haine que je viens la restituer aujourd'hui.

— Que voulez-vous dire ?

— Madame la marquise, laissez-là les détours ; vous savez pourquoi je suis venue... et surtout pour qui je suis venue.

La marquise demeura muette.

— Il y a trois ans environ, reprit Marianna, que la destinée de M. Philippe Beyle m'a été accordée par l'association.

— C'est vrai.

— En revenant à Paris, je m'attendais à le trouver écrasé sous le poids de votre justice. Je me surprenais déjà à intercéder, non pour qu'on lui fît grâce, mais pour qu'on ralentît son supplice. J'arrive : je le vois heureux, comblé d'honneurs, ivre d'orgueil. Qui a changé son sort ? une femme, vous !

— Mon excuse est dans ma bonne foi, madame, dit la marquise de Pressigny ; il est écrit dans nos statuts : « La mort d'une sociétaire fait cesser de droit toute œuvre entreprise pour elle, à moins que son héritière dans la Franc-Maçonnerie n'en réclame l'exécution. »

— Soit ; mais je suis vivante ! dit froidement Marianna.

— Pourquoi ne m'avoir pas mise en garde contre l'erreur où je pouvais tomber ?

Marianna la regarda.

— Qui sait ? Peut-être n'étais-je pas fâchée, après tout, de savoir quelle part avaient votre sagesse et votre prudence dans la direction de nos intérêts.

— Vous permettez-vous de douter de ma sincérité ? dit la marquise en relevant la tête.

— Je me permets de penser que vous vous êtes trop hâtée d'oublier mes droits pour ne songer qu'à l'amour de M<sup>lle</sup> d'In- grande, votre nièce.

— Que je me sois hâtée ou non, Amélie est aujourd'hui la femme de M. Philippe Beyle.

— C'est un malheur pour elle, dit Marianna.

— Oh ! s'écria la marquise désespérée.

— Madame, vous êtes la grande-maîtresse de notre ordre ; vous avez juré de sacrifier à nos intérêts, non-seulement votre existence, vos richesses, mais encore vos liens de famille.

Ces mots avaient été prononcés d'un ton ferme mais calme.

La marquise de Pressigny se sentit en lutte avec une nature implacable.

— Alors, que voulez-vous ? demanda-t-elle à Marianna.

— Je veux rentrer dans mes droits sur Philippe Beyle.

— Malgré l'alliance qui vient de l'introduire dans ma famille ?

— Malgré tout.

La marquise baissa la tête.

— La Franc-Maçonnerie l'a condamné sur mes justes griefs, reprit Marianna.

— Je m'en souviens ; je me souviens aussi que ma voix fut insuffisante à combattre cet arrêt. Vous l'emportâtes sur moi dans cette assemblée générale. Était-ce un pressentiment qui me faisait alors m'opposer à ce que je considérais comme un acte de despotisme trop ouvert ? je ne sais. Toutefois, je pensais alors ce que je pense encore aujourd'hui : c'est-à-dire que le but de notre association est plutôt de protéger que de punir.

— Punir les oppresseurs, c'est protéger les opprimés.

— Les torts de M. Beyle envers vous n'ont été que ceux d'un amant.

L'œil de Marianna étincela à ces paroles.

— Que ceux d'un amant, oui, madame, rien que cela ! répondit-elle avec ironie ; c'est la moindre des choses, en effet. Il m'a torturée, il est entré violemment dans ma vie pour la briser. Ses torts ne sont que ceux d'un amant ! Est-ce donc à moi de vous rappeller que notre société est autant la sauvegarde des sentiments que la sauvegarde des intérêts ? Par quoi vivons-nous, nous autres femmes, sinon par le cœur, et quand on nous l'a broyé, quel plus grand crime pouvez-vous imaginer, dites-moi ?

— Madame...

— Mes griefs, qui étaient justes alors, se sont accrus depuis. Je vous le répète, cet homme m'appartient.

Après avoir disputé le terrain pied à pied, la marquise de Pressigny crut devoir changer de tactique.

— Soit, dit-elle ; mais en le frappant, n'atteindrez-vous pas du même coup Amélie, une enfant qu'il est impossible de haïr ?

Marianna eut un tressaillement.

— Elle m'a sauvé la vie, c'est ce que vous voulez me rappeler, n'est-ce pas ? Oh ! je ne l'ai pas oublié. Un jour que j'étais tombée dans le bassin d'Arcachon, l'enfant eut plus de courage que Philippe qui m'accompagnait, plus de courage que les misérables rameurs. Elle m'arracha à la mort ; me rendit-elle un véritable service ? je l'ignore. Cependant je serais un monstre si le souvenir de ce qu'elle a fait pour moi s'était effacé de ma mémoire.

— Eh bien ? dit la marquise.

— Eh bien ! madame, je plains votre nièce, mais ce souvenir ne m'empêchera pas d'arriver jusqu'à Philippe. C'est parce que ma reconnaissance pour elle est grande que je serai sans pitié pour lui. Je vous le déclare, c'est une alliance monstrueuse que celle de cet ange et de ce démon. Je le connais : il avilira tout ce qu'elle a de pur et de charmant dans l'âme, il profanera une à une ses illusions de jeune fille et de jeune épouse. Cet homme ne croit pas à l'amour, il ne croit tout au plus qu'aux femmes qui flattent sa vanité ou servent son ambition. Madame, je rendrai à Amélie service pour service : je la délivrerai de cet homme.

— Que dites-vous ? s'écria la marquise hors d'elle-même.

— La vérité.

— C'est impossible ! vous ne ferez pas cela !

— Pourquoi donc ?

— Je m'y opposerai ! j'invoquerai mon pouvoir, mes priviléges !

Marianna dit lentement :

— Il est écrit dans nos statuts que la haine doit s'arrêter devant le mari ou les enfants d'une franc-maçonne. Philippe n'est pas le mari d'une franc-maçonne, et Amélie n'est pas votre enfant.

— Vous avez raison, je le reconnais, dit la marquise abattue.

— Enfin !

— Mais pitié ! pardon !

— Pitié ? pardon ? murmura Marianna comme quelqu'un qui entend pour la première fois une langue étrangère.

— Ah ! je vous supplie !

— Mon dernier mouvement de pitié est enfermé sous le couvercle de la tombe d'Irénée.

Marianna se disposa à sortir.

— Encore un mot ! s'écria la marquise de Pressigny.

— J'ai dit tout ce que j'avais à dire, madame ; vous êtes avertie.

— C'est donc aussi jusqu'à la tombe que vous voulez poursuivre Philippe Beyle ?

Marianna ne répondit pas, mais un sourire passa sur ses lèvres.

— Adieu, madame la marquise, dit-elle en s'inclinant profondément.

La marquise retomba dans son fauteuil.

Une longue méditation succéda à l'agitation provoquée par cet entretien.

Voici quel fut le résultat de cette méditation :

— Il n'y a qu'un moyen de sauver Philippe, pensa-t-elle, et pour cela il faut qu'Amélie soit franc-maçonne. Mais comment ?

A cet instant, ses yeux tombèrent sur la lettre signée Caroline Baliveau.

— J'ai un espoir ! dit-elle.

# CHAPITRE III

## Historique.

Le moment est venu de préciser les origines de la Franc-
Maçonnerie des Femmes, et de déterminer l'époque de sa for-
mation en France.

Les périodes de luttes et de dangers ont toujours inspiré
aux âmes héroïques la pensée de se réunir pour opposer à la
force brutale une intelligente protestation.

Cette pensée de protestation a dû naturellement être perma-
nente chez un sexe que la législation de tous pays place dans
une position subalterne et dépendante.

Aussi, à toutes les époques de l'histoire, voyons-nous se ma-
nifester tantôt par la ruse, tantôt par la grâce, souvent même
par la cruauté, la résistance énergique des femmes ; résistance
plus opiniâtre, plus persistante que celle des esclaves dans
l'antiquité et des serfs au moyen âge. Les esclaves, en effet,
devaient avoir leur Christ dans Spartacus ; les Jacques et les
Maillotins devaient avoir .89 ; mais dans la lutte des femmes,
lutte désespérée et qui ne prévoit pas encore son sauveur, les

tentatives devaient être continuelles. Arria, la conjurée stoïque ; Galswinthe, cette touchante victime des âges mérovingiens ; Hermangarde, la compagne de l'empereur Franck ; Geneviève de Paris, Héloïse, Jeanne d'Arc, les femmes de Beauvais, Charlotte Corday, continuent la protestation du dévouement ; de même que Tullie, Frédégonde, Anne d'Angleterre, dona Olimpia, Christine de Suède, Théroigne représentant la rivalité ouverte, la protestation vindicative et féroce ; de même, enfin, que Sapho, les Sibylles, Hypathie, la religieuse Hroswita, Christine de Pisan et M^me de Staël continuent la protestation éclatante du génie et de la force intellectuelle.

Il est facile, à certaines périodes, sous l'influence égalitaire de certaines religions, de certaines civilisations, en Grèce, en Égypte, et plus tard en Gaule, de retrouver les traces d'une action plus générale. Qu'était-ce, par exemple, que le royaume des Amazones, sinon une franc-maçonnerie de femmes, admirablement et fièrement constituée ? Qu'étaient-ce que ces bacchantes de Thrace, qui mettaient en pièce les mortels assez osés pour essayer de pénétrer dans leurs mystères ? Et les comédies d'Aristophane n'insistent-elles pas sur l'intervention des femmes athéniennes dans les affaires publiques ? « Nous mettrons les biens en commun, dit Praxagora dans les Harangueuses ; tout appartiendra à toutes : pains, salaisons, terres, richesses mobilières, gâteaux, tuniques, vin, couronnes et pois chiches. »

Plus tard encore, ne voit-on pas éclater dans la servitude des harems, dans le silence des cloîtres, dans l'isolement des châteaux féodaux, parfois même en plein siècle, telles que la Guerre des Femmes et la Guerre des Servantes, des révoltes inopinées témoignant évidemment d'un accord, d'un concert ? Il est donc aisé, en remontant le courant des âges, de ressaisir la tradition d'un secret bien gardé, transmis de génération en génération, parfois importé d'un continent dans un autre, la filiation d'un complot quelquefois sommeillant, puis se réveillant à la faveur des conditions propices ou sous la pression d'un asservissement complet.

La Franc-Maçonnerie des Femmes se manifesta et se constitua graduellement, en France, à une époque relativement assez rapprochée de la nôtre ; née d'une fantaisie de grande dame, comme nous allons le voir, elle se propagea jusqu'à nous.

L'époque de la minorité de Louis XIV fut plus que toute autre une époque de dissolution et d'individualisme. Chacun alors tirait à soi et, dans l'absence d'une autorité légitime et bien définie, cherchait à absorber le plus qu'il pouvait de la force qui se déperdait autour de lui. D'un autre côté, la société, épuisée par les guerres de la Ligue, éprouvait un vif besoin de se reconstituer. Les familles divisées par l'antagonisme politique et religieux tendaient à se rapprocher ; on voyait se former sur tous les points de la France, notamment à Paris, des groupes, des milieux, tous plus ou moins influents, selon qu'ils étaient placés sur des degrés plus ou moins élevés de l'échelle sociale.

Jamais peut-être l'influence des femmes ne fut plus considérable ; c'est à elles qu'appartient la direction de ce double mouvement de la féodalité expirante et de la monarchie en voie de constitution. Il n'y avait pas un seul de ces groupes qui n'eût à sa tête quelqu'une de ces femmes vaillantes ou brillantes, dont les noms sont devenus historiques, soit par la violence, soit par la beauté, soit par des fautes éclatantes, soit par des vertus intrépides. L'état des esprits ou plutôt des intelligences concourait à assurer cette domination des femmes ; la vogue de la littérature espagnole avait importé chez nous l'héroïsme amoureux, la galanterie chevaleresque, dont les pièces de Corneille et les romans de M^me de Lafayette attestent l'acclimatation. Le succès inouï de l'*Astrée*, succès poussé au point que de graves légistes, des prélats, des Huet, des Patru, en faisaient ouvertement leurs délices, tout conspirait à placer la femme dans une sorte de sanctuaire devant lequel il n'était honteux pour personne de s'incliner. Pas un ne rougissait alors de prononcer ces mots pompeux d'*adoration*, de *martyre*, d'*esclavage*, d'*attraits divins*, de *beaux yeux*, *maîtres du monde*. Le *mourir d'amour* semblait non-seulement naturel, mais juste. Turenne *soupirait* pour M^me de Longueville, Condé pour la belle M^lle du Vigean, Nemours pour M^me de Monbazon, Retz pour M^me de Chevreuse, tout le monde pour M^lle de Rambouillet ; Charles II, roi d'Angleterre, tombait aux pieds de M<sup>lle</sup> de Montpensier et recevait d'elle cet ordre à la romaine :

— Allez vous faire casser la tête ou remettre la couronne dessus !

Quoi donc d'étonnant à ce que les femmes aient pris au sérieux leur rôle de déesses et de souveraines, qu'elles aient tenté de faire une application positive de ce pouvoir qu'on leur accordait si libéralement au figuré ? Puisque les hommes étaient, même les plus braves, à genoux autour d'elles, elles devaient être nécessairement supérieures et maîtresses. M<sup>me</sup> de Longueville assistait, cachée derrière une fenêtre, au combat de Guise et de Coligny, et voyait froidement désarmer et blesser à mort le champion de sa vertu et de sa beauté. Quelques-unes, comme M<sup>lle</sup> de Vertus et M<sup>lle</sup> Paulet, préféraient fièrement la liberté à l'engagement du mariage. Mademoiselle elle-même, la petite-fille de Henri IV, la nièce de Louis XIII, allait plus loin encore : elle érigeait le célibat en principe, et jetait fort sérieusement le plan d'une société *sans amour et sans mariage*, sorte d'abbayes de Thélèmes retournée, où les soupirants auraient soupiré sans espoir. Sa confidente, M<sup>me</sup> de Motteville, qui a joué un peu dans cette circonstance le rôle d'un faux frère, nous a laissé sur ce plan quelques indications qui témoignent d'une résolution bien arrêtée.

La colonie, composée toutefois d'hommes et de femmes, devait s'établir dans quelque *endroit charmant* des rives de la Loire ou des rives de la Seine. Un couvent serait fondé dans le voisinage pour y exercer la charité et maintenir le niveau des esprits à la hauteur de l'ascétisme religieux. La galanterie, même la plus délicate, était bannie des relations avec les hommes; la seule jouissance qui leur fût permise était le plaisir de la conversation.

« Ce qui a donné la supériorité aux hommes, disait Mademoiselle, a été le mariage ; et ce qui nous a fait nommer le sexe fragile a été cette dépendance où ils nous ont assujetties, souvent contre notre volonté et par des raisons de famille dont nous avons été les victimes. Tirons-nous de l'esclavage; qu'il y ait un coin du monde où l'on puisse dire que les femmes sont maîtresses d'elles-mêmes, et qu'elles n'ont pas tous les défauts qu'on leur attribue ; distinguons-nous dans les siècles à venir par une vie qui nous fasse vivre éternellement ! »

Quelle fut la rive, quel fut le site enchanteur choisi par Mademoiselle ? N'est-il pas probable que la petite colonie hésita devant le scandale ou le ridicule d'une réalisation publique, peut-être devant l'appréhension de la colère de la reine, et se contenta d'une existence ignorée sous les ombrages de Saint-Germain ? Quant à la constitution de cette société, on ne saurait la mettre en doute, quand on voit Mademoiselle aller au secours d'Orléans avec un état-major tout composé de femmes de sa cour.

La deuxième Fronde marque visiblement l'existence politique de cette confrérie ; les lettres et les mémoires du temps ne laissent là-dessus aucun doute. Mademoiselle négociait par ambassadeur avec les puissances de son sexe. Elle congédiait les faibles comme M$^{me}$ de Chevreuse et M$^{me}$ de Châtillon ; elle rompait diplomatiquement par l'intermédiaire de M$^{me}$ de Choisy, son ministre, avec la Palatine, son alliée de la veille. Il y a dans ses fameux mémoires tout un passage qui respire l'enivrement du triomphe et de la liberté. Comme on devine bien l'exaltation qui la possédait lorsqu'elle faisait acte de maître, acte d'homme et de guerrier, en forçant les portes de la ville d'Orléans ! lorsqu'elle traitait sur le pied d'égalité avec Beaufort ; et sa joie enfantine en tirant à la porte Saint-Antoine ce célèbre coup de canon, ce coup de canon que Louis XIV ne devait jamais lui pardonner, car il sentait que ce jour-là ce n'était pas seulement son autorité qu'avait tenté d'usurper cette fille des d'Orléans, de cette branche cadette toujours inquiétante pour son aînée, mais le privilége même de sa naissance et de son sexe. N'avait-elle pas rêvé, en effet, d'être roi de France ? La Fronde triomphant, elle montait sur le trône en y gardant son vœu de célibat et amenait avec elle son personnel de ministres-femmes, de conseillères et d'ambassadrices.

Quel avenir pour la Franc-Maçonnerie des Femmes !

La défaite définitive des Frondeurs, en ruinant cet affreux projet, rejeta le plan de Mademoiselle dans les ténèbres d'une société secrète. Là encore le rôle était beau : quelques personnes courageuses, bien nées, vaincues mais non soumises, se prêtant dans l'ombre un mutuel appui, c'était tout ce qu'avait pu rêver après la déroute la fière amazone. Toutefois, la force des événements avait déjà pesé sur les formes de l'association féminine : la nécessité de chercher aux jours du danger aide et secours au-dessous de soi, de conquérir, par la confiance, des dévouements, avait entraîné dans plus d'un cas la violation du secret.

En un mot, il avait fallu s'adjoindre des femmes du peuple.

On sait quel fut le sort des personnages fameux de la Fronde et particulièrement des femmes qui y avaient joué un rôle ; c'est dire quel fut le sort des premiers membres de la Franc-Maçonnerie des Femmes en France. Mademoiselle expia, dans une union disproportionnée, sous les dédains d'un aventurier, son amour entêté de l'indépendance. Tous les autres chefs, les uns après des exils temporaires, les autres, fatigués de leur isolement, se retrouvèrent au rendez-vous commun de la pénitence, la plupart au couvent des Carmélites de la rue Saint-Jacques, où le souffle du jansénisme vint encore quelquefois caresser leurs idées d'opposition.

Néanmoins, des souvenirs d'un triomphe éphémère et de ces épreuves communes étaient résultées des affinités réelles, durables.

Un signe, un mot, un appel obtenaient [des sacrifices ; on retrouvait en face de tel visage entrevu à travers la fumée de la poudre, sur les barricades, dans l'exil, dans la fuite, les forces de la jeunesse, les ressources d'un crédit qu'on croyait épuisé ; et c'est par cet échange de services, par ce commerce de protections que fut constituée, au dix-septième siècle, la Franc-Maçonnerie des Femmes:

Plus tard, cette franc-maçonnerie reçut son organisation ; elle eut son code, ses loges, ses titres, ses cérémonies. Il était naturel qu'elle eût été emprunter à la franc-maçonnerie des hommes les traditions indispensables de ses épreuves et de ses mystères. Aussi les rapports entre l'une et l'autre de ces institutions ne manqueront-ils pas de se produire dans le cours de cette histoire. La Franc-Maçonnerie des Femmes traversa le dix-huitième siècle avec éclat et s'y installa solidement ; elle pensa qu'après la police et la compagnie de Jésus, il y avait une troisième place à prendre, et cette place, elle la prit. Ses relations s'accrurent en tous lieux, dans la magistrature, dans la finance, au théâtre, plus haut et plus bas encore. Ce fut la Franc-Maçonnerie des Femmes qui donna au trône M^me de Maintenon, la marquise de Pompadour et la comtesse du Barry ; elle compta dans ses rangs M^lle de Lespinasse, Sophie Arnould, la chevalière d'Éon, M^lle d'Oliva. Une des grandes-maîtresses fut la femme du comte de Cagliostro ; les séances se tenaient alors rue Verte, dans le faubourg Saint-Honoré.

Sous la Révolution, la Franc-Maçonnerie des Femmes, quoiqu'un peu dispersée par la chute de la noblesse, put encore se compter dans les réunions chez Catherine Théo, réunions tolérées par Robespierre ; dans les clubs exclusivement féminins, présidés par Rose Lacombe ; même dans les galeries de la Convention, où les mains de quelques *tricoteuses* échangeaient quelquefois en silence des signes mystérieux. Elle se reconstitua sous l'Empire et y acquit une nouvelle force, à laquelle les expéditions militaires laissèrent un libre essor à l'intérieur. Il existe encore des femmes, et nous en connaissons pour notre part, qui ont appartenu à la loge Caroline, une des plus importantes et surtout des plus influentes d'alors.

On ne sera pas étonné de voir se perpétuer la Franc-Maçonnerie des Femmes jusque sous le règne peu légendaire de Louis-Philippe. Son action y a été lente et peu mesurée, mais son autorité est demeurée la même. Cette ligue est encore aussi vivace de nos jours qu'il y a deux siècles ; une période véhémente la rejetterait immanquablement dans un milieu d'action et de direction. En attendant, elle se contente d'exercer son pouvoir dans les limites de la vie privée, où, par elle, s'expliqueraient en partie bien des élévations et bien des chutes, bien des réputations et bien des fortunes. Elle est comme un souterrain dans la société, ou bien encore comme un autre conseil des Dix, moins les masques, les bravi et les Plombs. Le conseil des Dix entre les mains des femmes ! Il y a de quoi réfléchir.

# CHAPITRE IV

## La famille Baliveau.

La famille Baliveau occupait une maison sur le Jard.

Le Jard est la principale promenade d'Épernay : une place avec des arbres et fermée par un petit parapet circulaire en pierre ; ce que dans d'autres villes on appelle le Mail.

Modeste négociant en vins, Étienne Baliveau, âgé de cinquante ans environ, était un de ces véritables esclaves de l'honneur commercial, dont la tradition est heureusement encore vivace et forte en France. Humble Caton de comptoir, il se fût sûrement planté son canif dans le cœur le jour où il eût vu sa signature livrée aux hontes du protêt.

Casematé dans ses registres, il n'avait jamais laissé voir sur sa physionomie le moindre signe de satisfaction lorsqu'il réalisait des bénéfices, ni la moindre trace d'inquiétude lorsqu'il éprouvait des mécomptes. Sa femme avait employé vingt-cinq années de tendresse à essayer de pénétrer dans les mystères de sa situation. Il l'adorait ; mais quand elle lui faisait une demande relative à ses affaires, il lui répondait impitoyablement :

— Ne t'occupe pas de cela.

Il serait trop long de dire les ruses auxquelles elle eut recours pour n'arriver qu'à des renseignements imparfaits. Elle apprit la tenue des livres afin de pouvoir, deux ou trois fois par an, se glisser clandestinement dans le comptoir et y interroger les chiffres.

Le caractère taciturne d'Étienne Baliveau affligeait d'autant plus cette pauvre femme, qu'elle-même lui avait toujours caché un secret : atteinte d'épilepsie après une grossesse, elle s'était accoutumée à lutter silencieusement contre la souffrance ; car elle savait que cette maladie est une de celles qui, surtout en province, stigmatisent une famille et vouent ses enfants au célibat, à moins qu'ils ne possèdent une grande fortune.

Or, Mᵐᵉ Baliveau avait une fille de vingt-deux ans qu'elle cherchait à marier.

Voilà pourquoi cette héroïque bourgeoise s'efforçait de dissimuler ses douleurs physiques.

Une seule personne était dans la confidence : c'était Catherine, la vieille domestique ; et, pour rien au monde, Catherine ne l'aurait trahie ; elle savait protéger et même provoquer sa retraite dans son appartement, lorsque Mᵐᵉ Baliveau ressentait les approches de ce mal terrible, approches qu'il n'est pas impossible de prévoir dans de certains cas et sous de certaines influences. C'était Catherine qui faisait alors le guet aux alentours de la chambre à coucher, pendant que Mᵐᵉ Baliveau se débattait dans les convulsions et dans l'écume...

Hasard providentiel, précautions inouïes, miracle de volonté ou amour maternel, toujours est-il que la courageuse femme avait réussi jusqu'à présent à dérober sa maladie à tous les yeux. Depuis la mise au monde de sa fille, qui avait été accompagnée des plus grandes souffrances, elle occupait un appartement séparé de celui de son mari ; cet appartement était tapissé et matelassé de toutes parts, pour étouffer les cris et amortir les chutes. Elle sortait peu, parce que dans la rue un rien, une émotion pouvaient déterminer une crise. Elle n'allait ni dans le monde ni à l'église ; elle accomplissait ses dévotions dans sa chambre. Cette claustration, que son mari avait vainement combattue dans les commencements et qu'elle avait tou-

jours mise sur le compte d'une apathie invincible, cette claustration était devenue pour elle le principe d'un embonpoint qui,
du reste, lui séyait très-bien, et qui, en outre, servait merveil-
leusement à éloigner les soupçons des gens d'Épernay. Mᵐᵉ Baliveau avait été belle, elle l'était encore; mais elle ne pouvait
faire que la tristesse de son âme ne se réfléchît presque
continuellement sur sa physionomie. Cette tristesse, devenue
contagieuse avec le temps, finit par s'étendre à tous les hôtes
de la maison et à la maisonnette elle-même.

On disait à Épernay, par antiphrase : Gai comme les Baliveau
du Jard.

Un jour, une découverte vint porter un coup terrible au dévouement de Mᵐᵉ Baliveau.

Dans le comptoir de son mari, où, depuis quelque temps, ses
visites devenaient plus fréquentes, elle trouva, caché au fond
d'un secrétaire, un pistolet chargé, et à côté le brouillon d'une
lettre qu'il adressait à son notaire.

Il expliquait dans cette lettre la nécessité où il était de vendre
ses biens pour payer un passif de soixante mille francs.

Mᵐᵉ Baliveau ne dit pas un mot du triste mystère dans
lequel elle venait de s'immiscer.

Seulement, elle écrivit à la marquise de Pressigny ces trois
mots que nous avons rapportés : « Accourez, madame, car j'ai
à vous remettre mon testament; je suis mourante. »

Depuis, Mᵐᵉ Baliveau attendait d'heure en heure Mᵐᵉ de
Pressigny.

De la Toussaint à Pâques, à partir des dernières feuilles jusqu'aux premières, il n'y avait pas d'exemple que la soirée se
fût passée pour les Baliveau ailleurs que dans leur petit salon
violet du premier étage. Ils y recevaient invariablement les
mêmes personnes, qui étaient :

1º Un de ces rentiers célibataires qui représentent orgueil-
leusement l'art de vivre en province avec huit cents livres de
revenu, et de réaliser encore quelques économies;

2º Un capitaine de gendarmerie, silencieux;

3º L'inévitable contrôleur des contributions, sexagénaire
muet et méticuleux, si bien pourvu contre le mauvais temps
qu'il envahissait à lui seul la pièce d'entrée en y étalant son

manteau, son pardessus, sa casquette fourrée, ses doubles gants, son cache-oreilles, ses socques et son parapluie.

On ne recevait pas de femmes, parce que les femmes sont plus clairvoyantes que les hommes, et que M^{me} Baliveau avait à craindre les regards trop clairvoyants.

Ces messieurs, au nombre de quatre, y compris Baliveau, se plaçaient dans un angle du salon, autour d'une table verte, pour y faire leur partie de piquet : deux joueurs, deux assistants.

L'installation du contrôleur était un des détails les plus importants de la soirée. Pour rien au monde, d'abord, il ne se fût assis sur une chaise autre que celle qu'on lui réservait habituellement. Si, par hasard, on l'avait déplacée, il la cherchait dans tous les coins sans dire un mot ; si on l'avait transportée dans une chambre voisine, il appellait Catherine et lui faisait subir un interrogatoire dans le corridor ; on ne devinait la cause de cette algarade que lorsqu'il reparaissait triomphalement chargé de sa chaise. Une fois assis, il examinait les pieds de la table ; il les éloignait ou les ramenaient, après avoir mesuré le degré de gêne qu'ils présentaient à ses genoux. Ensuite, le fluet contrôleur posait sur un guéridon, placé à portée de sa main, une grosse tabatière, dans le couvercle de laquelle était incrustée une montre d'argent, ce qui rendait ce meuble trop lourd pour séjourner dans sa poche ; puis, il retirait de son sein, comme on retire un oiseau auquel on a voulu procurer quelque douce chaleur, une calotte de soie noire dont il se coiffait avec précaution en promenant son regard et en disant :

— Vous permettez ?

Ces divers soins accordés chaque jour à ses aises et à ses manies avec une régularité qui eût désespéré une mécanique, excitaient bien ·parfois les railleries du rentier orgueilleux et les sourires du capitaine de gendarmerie ; mais M. et M^{me} Baliveau, en hôtes généreux, les respectaient et les protégeaient.

Depuis peu, un nouveau personnage avait réussi à s'introduire dans ce cercle étroit, monotone et respectable. Un jeune substitut du procureur du roi avait été admis à y apporter d'honorables prétentions à la main de M^{lle} Anaïs Baliveau.

Cet événement, tout simple qu'il fût, avait failli troubler à jamais les somnolentes soirées du petit salon violet. Ni le rentier orgueilleux, ni le contrôleur fluet, ni le gendarme silencieux n'avaient pu voir sans déplaisir un *étranger* se glisser ainsi dans leur compagnie. Il faut avoir vécu pendant des années dans une petite ville, sur le même fauteuil, pour comprendre le sentiment égoïste que nous constatons.

La première fois que M^me Baliveau annonça à nos joueurs de piquet que le jeune substitut viendrait quelquefois se mêler à leurs conversations du soir, cette nouvelle leur causa une sorte de stupéfaction.

Le contrôleur des contributions retint un : « Ah ! mon Dieu ! » comme si on lui eût appris une nouvelle invasion de Cosaques à Épernay. Oserait-il et pourrait-il conserver intacts tous ses priviléges en présence de ce nouveau venu ? Voilà ce que signifiait son exclamation.

Une nouvelle et suprême surprise était réservée à ces trois personnages ; c'était l'arrivée de la marquise de Pressigny ; mais M^me Baliveau n'avait pas cru devoir les prévenir de celle-là. Elle s'était contentée d'en informer vaguement son mari, comme on fait pour une ancienne amie de pension en voyage. Celui-ci avait offert d'improviser une réception convenable, mais elle avait décidé que rien ne serait changé au train ordinaire du logis, et qu'elle recevrait confidentiellement sa chère marquise.

Donc, un soir, le gendarme, le rentier et le contrôleur se réunirent à l'heure accoutumée. Une lampe en imitation de bronze, recouverte d'un abat-jour où cabriolaient des silhouettes diaboliques, décrivait un orbe lumineux sur le tapis de la table à jouer.

M^lle Anaïs Baliveau, en attendant le jeune substitut, qui avait la précaution de ne point se présenter avant huit heures, attisait innocemment ses minauderies incendiaires ; car elle entrait dans ses vingt-deux ans, et pour elle le miroir commençait à être plutôt un conseiller qu'un flatteur.

M^me Baliveau, plus parée que de coutume, suivait du regard la marche des aiguilles au cadran d'une pendule d'albâtre.

Son teint brillait d'un incarnat tel, que le contrôleur fluet, après avoir mis ordre à toute sa garde-robe, ne put s'empêcher de lui en faire ses compliments *très-humbles*. Le rentier appuya. Le capitaine de gendarmerie, se piquant d'honneur, eut un sourire.

Le substitut vint enfin compléter la réunion. C'était un long jeune homme, blond comme de la paille, qui s'efforçait de dérober une profonde timidité sous les dehors d'une gravité d'emprunt.

D'après le regard que nous venons de jeter sur cet intérieur si calme, était-il possible de supposer les drames qu'il recélait?

Vers neuf heures, au moment où le piquet était fort animé, la bonne entra tout à coup.

— Madame! madame! dit-elle.

— Eh bien!

— C'est cette dame que vous attendez et qui descend de voiture.

Le contrôleur laissa tomber ses cartes.

— Une dame... murmura le rentier.

— Une voiture... dit le capitaine de gendarmerie.

Mᵐᵉ Baliveau suivit la bonne, laissant le salon violet dans le plus grand tumulte.

Elle se trouva en présence de la marquise de Pressigny.

Jamais ces deux femmes ne s'étaient vues.

Mais elles appartenaient toutes deux à la franc-maçonnerie, l'une en qualité de grande-maîtresse, l'autre comme simple sœur.

Mᵐᵉ Baliveau avait eu soin de faire allumer du feu dans sa chambre à coucher.

Ce fut là qu'elles purent s'entretenir sans être entendues.

A l'aspect de la femme du négociant qui, ce soir-là, comme nous l'avons dit, était mise avec une certaine recherche, et dont le visage offrait toutes les apparences de la santé, la marquise ne put retenir un mouvement de surprise.

— Aux termes de votre lettre, madame, dit-elle, je croyais vous trouver souffrante; je suis rassurée, grâce à Dieu.

Mᵐᵉ Baliveau sourit tristement.

— J'ai dit mourante, et c'est la vérité, répondit-elle.

— Cependant...

2

— En voici la preuve, ajouta-t-elle en tendant à la marquise une consultation des trois meilleurs médecins de Paris.

La marquise parcourut l'écrit avec effroi.

Puis, reportant les yeux sur M^me Baliveau :

— Rien ne décèle, ni dans votre air, ni dans votre voix, un mal aussi affreux, dit-elle.

— Madame la marquise, je suis mère, et je veux marier ma fille..

M^me de Pressigny écouta.

— J'ai caché mon secret à mon mari et à mon Anaïs; n'était-ce pas plus difficile que de le cacher à des étrangers? Je me suis confiée à des médecins, il est vrai, mais leur discrétion m'est garantie par leur honneur.

— Que vous avez dû souffrir! dit la marquise en la regardant avec intérêt.

— Oh! oui, madame. Si vous saviez ce qu'est la vie pour moi! Je me farde comme une comédienne, afin de ne pas laisser soupçonner l'effrayante altération de mes traits. Toujours sur le qui-vive, redoutant les visites trop longues, prête sans cesse à repousser les questions de mon mari ou à me soustraire aux caresses de ma fille, je n'ai qu'une pensée fixe, qu'une préoccupation : prévoir, devancer le moment de la crise, afin de me réfugier seule au fond de mon alcôve.

La marquise eut un frisson.

— Tel est le passé, dit M^me Baliveau; et savez-vous quel sera l'avenir?

— Vous me faites peur.

— Depuis quelque temps, mes accès ont augmenté. Je les compte, madame, je les compte depuis vingt-deux ans. Ils ont augmenté dans une proportion horrible. D'un instant à l'autre, je crains qu'il ne me soit plus possible de cacher la vérité. Alors, tout serait perdu : ma fille ne se marierait pas, elle ne se marierait jamais. Il ne faut pas qu'un plan conçu et exécuté au prix de tant de tortures soit détruit par un seul moment de faiblesse; n'est-ce pas votre opinion?

— Vous pouvez guérir; la science est sujette à des erreurs.

— La science ne sait rien sur ma maladie, par conséquent elle ne peut rien. D'ailleurs, je suis arrivée à un âge décisif; à cet âge (ce sont les médecins qui le déclarent) le mal passe ou redouble. Il a redoublé. Aucune espérance ne m'est plus permise.

— Quels sont donc vos projets?

— Je périrai accidentellement.

— Accidentellement? répéta la marquise, devenue pâle.

— Oui.

— Oh! je vous comprends; mais vous n'y songez pas. Terminer ainsi une vie d'affection et de vertus!

— Condamnée par la science et par la nature, je hâte de quelques jours le dénoûment de ma déplorable existence ; voilà tout, dit M<sup>me</sup> Baliveau.

— Mais le ciel? dit la marquise.

— Mais ma fille!

— Vous reviendrez sur cette épouvantable résolution.

— Je vous assure, madame la marquise, que personne ne dira que je me suis suicidée. Vous allez me comprendre. Notre petite maison est la plus élevée d'Épernay : elle a trois étages. Au troisième étage se trouve la chambre de ma chère Anaïs. Un de ces jours, j'y monte avec la domestique pour changer les rideaux des croisées. C'est bien simple. Je veux absolument m'occuper moi-même de ce détail ; en conséquence, la domestique approche une table. Elle me fait quelques observations sur le danger que je cours, car c'est une bonne fille, cette Catherine ; je lui rappelle que c'est moi qui commande, et, pour enlever la tringle, je monte aussitôt sur la table. Un éblouissement me prend. La fenêtre est ouverte. Je tombe naturellement sur le pavé.

— C'est affreux.

— J'aurai du malheur, n'est-ce pas, madame la marquise, si l'on me relève vivante?

M<sup>me</sup> Baliveau, en parlant ainsi, avait le sourire sur la bouche.

— Oh! taisez-vous! s'écria la marquise de Pressigny; si l'on vous entendait!

— Non, dit M<sup>me</sup> Baliveau.

Pour plus de précautions, elle alla entr'ouvrir la porte, afin de s'assurer que personne n'était aux écoutes.

La voix aigrelette du petit contrôleur des contributions monta faiblement jusqu'à elles. On jouait toujours dans le salon violet.

— Six cartes ! disait-il en comptant ses points.

— Que valent-elles ?

— Le cinq.

— J'ai mieux que cela à vous offrir, répondait le rentier.

— Je ne soutiens pas le contraire ; et la quatrième au roi ?

— Ne vaut pas une quatrième majeure.

— Trois as ?

— J'ai le quatorze de dix, riposta le rentier.

— Alors, vous me permettrez de compter un.

Et le contrôleur, essayant de sourire, mais en réalité fort mécontent de son jeu, jeta sa carte sur le tapis.

Sûre de n'être pas épiée, M<sup>me</sup> Baliveau referma la porte et revint auprès de la marquise de Pressigny.

— Je vous ai affligée, dit M<sup>me</sup> Baliveau ; pardonnez-moi.

— Quelle effroyable tragédie !

— D'autant plus effroyable que mon but ne sera pas atteint tout entier.

— Craignez-vous que, malgré tout, on ne devine ?...

— Non ; mon sacrifice ne sera pas absolument inutile : moi morte, ma fille pourra se marier, c'est vrai ; mais elle se mariera sans dot.

— Comment cela ? demanda la marquise.

— Un autre obstacle, que j'ai découvert quelques heures seulement avant de vous écrire, viendra fatalement s'opposer au bonheur d'Anaïs.

— Quel obstacle ?

— Son père est sur le bord d'un précipice. Il a écrit en secret à son notaire pour faire vendre tous nos biens ; il doit soixante mille francs. S'il paye, comme tout me le fait supposer, car nos biens représentent à peu près cette somme, ma fille n'aura pas un sou de dot ; et la pauvreté est une autre sorte d'épilepsie.

— Malheureuse mère !

— En présence de ce surcroît d'adversité, et plus que jamais résolue à la mort, je vous ai appelée, madame, pour vous remettre mon testament, c'est-à-dire pour vous recommander ma pauvre Anaïs. Qu'elle soit mon héritière, qu'elle me succède dans notre association. Soyez sa protectrice, je vous en conjure.

M<sup>me</sup> Baliveau avait les larmes aux yeux.

Depuis quelques instants, la marquise de Pressigny paraissait absorbée dans ses réflexions.

En sentant tomber des pleurs sur ses mains, qu'avait saisies M<sup>me</sup> Baliveau, elle lui dit :

— Une somme de soixante mille francs vous rassurerait sur l'avenir de votre fille ?

— Oui, madame, et je mourrais alors avec joie, au lieu de mourir dans les angoisses de l'inquiétude.

— Vous ne croyez donc pas à notre association, puisque, dans une situation aussi épouvantable, l'idée ne vous est pas venue de vous adresser à elle ?

— Comment n'y croirais-je pas , dit M<sup>me</sup> Baliveau, lorsque c'est à cette association que je dois mon éducation, mon mariage et ma dot ? Pouvais-je lui demander quelque chose de plus ? Notre franc-maçonnerie n'est pas une banque. Et puis, vous le savez, j'ai toujours été une sœur bien peu utile ; rarement on m'a mise en réquisition ; mes faibles services ne peuvent pas se comparer aux bienfaits que j'ai reçus. Je mourrai reconnaissante, mais insolvable.

— Insolvable? non. Il vous reste votre titre de franc-maçonne, et ce titre est une valeur.

— Une valeur ? dit M<sup>me</sup> Baliveau, incrédule.

— La preuve, c'est que je vous propose de vous l'acheter.

— Vous, madame ?

— Écoutez-moi. Je désirerais qu'une de mes parentes appartînt à notre société. Au lieu de désigner votre fille pour vous succéder, désignez ma nièce ; substituez sur votre testament au nom de M<sup>lle</sup> Anaïs Baliveau le nom de M<sup>me</sup> Amélie Beyle, et je vous offre ces soixante mille francs, qui sauveront l'honneur de votre mari et la dot de votre enfant.

M<sup>me</sup> Baliveau tremblait de joie.

— Parlez-vous sérieusement?

— N'en doutez pas, dit la marquise, aussi émue qu'elle.

— Oh! madame, dans ce cas, laissez-moi vous remercier à genoux !

. — Vous acceptez?

— Avec transport!

Elle approcha immédiatement une petite table où il y avait de l'encre et du papier.

— Dictez-moi les noms de votre nièce, dit-elle à la marquise.

Le testament nouveau, qui instituait Amélie franc-maçonne après la mort de M^me Baliveau, fut écrit et signé en moins de trois minutes. L'ancien fut jeté au feu, qui le consuma entièrement.

— Voici un bon sur mon notaire, dit la marquise de Pressigny.

— Merci, madame, oh! merci! je vous devrai de mourir avec bonheur.

— Mourir?

— Dans huit jours votre nièce fera partie de la franc-maçonnerie des femmes.

— Ne parlez pas ainsi! dit la marquise en tressaillant; vous me feriez croire que j'ai aidé à un crime!...

L'heure de se séparer était venue pour les deux femmes.

M^me Baliveau reconduisit respectueusement la marquise de Pressigny jusqu'au bas de l'escalier.

En repassant à côté du petit salon violet dont la porte était légèrement entr'ouverte, elles purent entendre ces mots échangés entre les paisibles joueurs de piquet :

— Trente-deux de mon piquet, qui est bon.

— Soit, monsieur.

— Et soixante-treize, toujours du même.

— Permettez, monsieur!

C'était la voix aiguë du contrôleur des contributions qui réclamait.

La marquise frémit à ce contraste; elle hâta ses adieux, et la porte de la maison du Jard se referma sur elle.

# CHAPITRE V

## Le spectre du passé.

Quelques-uns de ceux qui ont été mariés le savent : il n'y a pas de bonheur supérieur à celui qui suit les premiers jours d'une union accomplie dans des conditions parfaites de beauté, d'intelligence, d'honneur et de richesse. L'homme atteint alors à des hauteurs de sérénité, à des sphères d'extase qui réalisent par intervalles quelques-unes des inventions de Thomas Moore, dans ses *Amours des Anges*. Un degré de plus, et il toucherait à son rêve, ce qui ferait s'écrouler la voûte céleste en morceaux. Pour rendre dans une image humaine un tel bonheur, il a fallu évoquer les comparaisons les plus suaves, faire un appel aux mots les plus harmonieux et les plus doux : de là l'expression de *lune de miel*.

Saadi, le poëte des délicatesses persanes, n'eût pas trouvé mieux.

Sous la lumière voilée de cet astre s'épanouissent, comme autant de fleurs contenues jusque-là par le grand jour du monde

les plus précieuses qualités de l'âme et de l'esprit. On se retrouve candide en face de la candeur ; les railleries anciennes
ne nous poursuivent plus ; elles se sont enfouies et peu à peu
effacées dans le lointain d'un célibat mauvais. On ne se préoccupe plus de passer au contrôle de l'opinion les élans de son
intelligence. Une vie puissante, qu'exalte la passion sanctifiée,
a remplacé une vie mesquine, faite de concessions, d'inquiétudes, d'indignation, de fatigue, ou, ce qui pire est, d'indifférence.

Un charme infini réside surtout dans les premiers discours
d'un mari à sa femme, dans le tableau qu'il lui trace complaisamment des fêtes de l'avenir. S'assimiler une âme jeune et
neuve, lui ouvrir les portes du monde réel, tout en ayant soin
de ménager ses illusions, n'est-ce pas refaire à son propre
usage un cours de morale poétique et reprendre la vie par ses
bons côtés?

Plus que toute autre, la lune de miel de Philippe Beyle et
d'Amélie semblait devoir n'éclairer que des jours heureux.
Amélie possédait une faculté qui dominait toutes les autres :
elle adorait et elle admirait son mari. Sa confiance en lui était
illimitée. Il était le premier qui eût fait battre son cœur, et les
jeunes filles n'ont jamais assez d'auréoles pour orner le front
de ce premier élu. Philippe, de son côté, veillait sur son
bonheur en homme qui sait ce que le bonheur coûte ; il avait
de ces précautions, de ces attentions qui attestent la science
profonde de l'amour et la connaissance de toutes ses fragilités.
C'était un artiste dans le sens conjugal, mais un artiste enthousiaste et sincère, car il aimait, enfin ! il aimait comme il n'avait
jamais aimé, pour la dernière fois et jusqu'à la mort.

Sans pénétrer aussi loin que nous dans ses sollicitudes,
Amélie les savourait délicieusement ; elle se sentait à l'abri sous
cette protection savante et ardente. Chaque fois que Philippe
était obligé de la quitter, il avait l'art de lui laisser dans l'esprit, après quelque entretien, un thème, une réflexion destinés
à occuper et à adoucir pour elle les moments de l'absence.

On ne sera donc pas étonné du dédain qui la saisit lorsque,
le surlendemain de ses noces, elle reçut, par une voie
anonyme, un petit paquet contenant cinq lettres un peu chif-

fonnées, un peu jaunies, et signées tóutes du nom dè Philippe. C'étaient de tendres ou railleuses épîtres, adressées autrefois par lui à diverses femmes.

Amélie les foula d'abord à ses pieds, car, dans ces impures évocations du passé, elle ne vit qu'un outrage fait à sa dignité d'épouse. Mais après ce premier mouvement d'orgueil, un sentiment aussi impérieux quoique moins élevé la ploya jusqu'aux plus vulgaires curiosités de la femme. Elle s'agenouilla et ramassa une à une ces feuilles qui respiraient comme un parfum d'adultère anticipé.

C'était bien l'écriture de Philippe. La date remontait à plusieurs années, et il était évident qu'un choix significatif avait présidé à leur réunion, car chacune d'elles était adressée à une personne différente : femme du monde, actrice, marchande ou célébrité à la façon de Marie Duplessis.

La première qu'elle parcourut était écrite dans ce goût de persiflage particulier à Philippe Beyle, et qu'Amélie ne lui connaissait pas encore :


« Chère et mélancolique amie, il faut absolument que vous preniez votre parti de mon abandon. Vous vous attachez à moi comme une épitaphe à un tombeau. Cependant je vous l'ai dit mille fois : gardez-vous de me considérer comme un amant sérieux. Je sais jouer l'amour comme vous savez jouer l'opéra. Or, il est rare qu'un opéra dépasse cinq actes et deux ou trois tableaux ; notre amour a dépassé un an. Il y a lontemps que la rampe devrait être baissée. Adieu, dolente et belle. J'espère qu'un jour ou l'autre une riche héritière m'offrira un engagement, aussi brillant que celui que vous offre par mon entremise, le correspondant du théâtre de Rio-Janeiro. Tout est musique dans la vie : note de poitrine, note de cœur et note diplomatique. »


Un tel langage et surtout une telle profession de foi étaient bien faits pour confondre l'innocente Amélie. C'était une initiation à des mœurs qu'elle aurait dû toujours ignorer ; c'était la révélation d'antécédents condamnés à demeurer éternellement enseveli dans l'ombre. « Je sais jouer l'amour ! »-Ces mots l'importunaient douloureusement ; elle avait besoin pour les chasser de se rappeler les protestations et les serments de Philippe.

Les autres lettres n'étaient que la reproduction de la même idée ; selon la condition et la femme, la paraphrase s'ennoblissait ou se compromettait davantage ; les masques étaient différents, la physionomie était immuable. Dans un de ces messages il allait jusqu'à railler le réchaud qu'une petite modiste menaçait d'allumer dans son arrière-magasin.

Amélie crut devoir ne pas informer Philippe de cet incident ; elle garda sa blessure pour elle seule. D'ailleurs, rien dans cette découverte n'avait encore entamé son amour.

Elle reçut d'autres lettres ; elle les lut comme elle avait lu les premières ; chacune d'elles venait éclairer de funestes lueurs la jeunesse de son mari et apporter un démenti à ses effusions les plus récentes. Lorsque Philippe lui avait dit la veille, en l'éblouissant de son beau regard : « Aimer et être aimé ! toute la vie est dans ces mots ! » voici ce qu'Amélie lisait le lendemain, dans un ancien billet déposé sur sa table de toilette ou rencontré à ses pieds dans une allée du jardin :

« La vie est dans tout, excepté dans l'amour. L'amour est une sensation confuse, comme le sommeil, et qui annulle toutes les autres sensations. Un homme qui cesse d'aimer est un homme qui se réveille. Bonjour, madame ! »

En dépit de sa tendresse et de sa confiance, on comprend que le doute dut finir par ébranler l'esprit d'Amélie.

Une dernière attaque de ce genre lui fit prendre une résolution.

Elle avait trouvé, un matin, dans un bouquet que lui envoyait Philippe, une lettre qu'il n'y avait certainement pas mise. Cette lettre, plus impor......e que les autres, développait, avec un cynisme souriant et pailleté, une grande partie de son système ; elle avait quatre ans de date et paraissait adressée à la même cantatrice de tout à l'heure ; du moins Amélie le supposait ainsi, car la suscription avait été enlevée.

« Encore des reproches ! y disait-il ; ma chère amie, vous devenez vraiment monocorde. Raisonnons un peu. Deux amants étant donnés, il faut toujours que, tôt ou tard, il y en ait un qui quitte l'autre le premier. Vous ne sortirez pas de là. Le premier a été moi ; c'est fâcheux pour votre amour-propre, mais pour votre amour-propre seulement. Que vous souffriez, je le comprends ; c'est involontaire et cela passera ; mais que vous ayez raison de souffrir, voilà ce que je nie. Vous me rappelez les heures enchantées que nous avons passées ensemble, je m'en souviens autant que vous, chère... (ici un nom gratté), car je collectionne les heureux souvenirs, comme d'autres collectionnent les livres et les papillons. Pourquoi partir de là pour m'accuser d'égoïsme et d'ingratitude ? voilà qui est mal et qui n'est pas juste. Vous énumérez, avec une complaisance qui s'éloigne peut-être de la modestie, les circonstances où se sont manifestés votre dévouement, votre abnégation, votre noblesse d'âme, enfin une liste de vertus dont je m'étais toujours douté. Puis, suivant dans les airs mon amour envolé, vous concluez à l'ingratitude. Voyons ! voyons ! je ne consens pas, sans une discussion préalable, à me reconnaître pour un monstre. Causons donc et surtout ne m'interrompez pas.

» Vous êtes née bonne, dévouée, compatissante. En m'aimant, vous n'avez fait qu'employer ces instincts, qu'obéir à votre vocation. Et vous voulez que je vous sache gré du bonheur que vous avez éprouvé dans l'exercice de vos qualités ! c'est de l'exigence, mon amie ; je veux vous forcer plus tard à en convenir.

» Pourtant, aujourd'hui, je vous concède encore ce point. Soit ; je vous suis reconnaissant, très-reconnaissant, du plaisir que vous a procuré notre liaison. Mais je ne conçois pas, je l'avoue, que vous me menaciez de votre haine. Votre haine ?

Savez-vous bien que ce mot, pour être humain, ne doit signi-
fier autre chose que l'exaspération de la justice ? Or, la justice
est ce qui manque de plus à vos appréciations. Permettez-moi
d'essayer de vous le prouver par une comparaison, ou, mieux
encore, par une similitude, comme dirait Gros-René.

» J'imagine un pianiste du plus grand talent. Vous voyez
que je ne sors pas de la musique. Il ne manque à ce pianiste
qu'une toute petite chose, indispensable, il est vrai, à la manifestation de ses admirables facultés : il lui manque un piano.
Le hasard le lui fournit. Dès lors, vous comprenez l'ivresse de
mon artiste ; il peut donc enfin, et tout à son aise, donner
l'essor à son inspiration, fixer ses mélodies, se persuader à
lui-même qu'il a un génie transcendant. Fort bien. Puis, un
matin, voici le piano qui reprend le chemin de l'escalier. Le
hasard, qui le lui avait donné le lui retire maintenant. Qu'y
faire ? Notre artiste s'en prendra-t-il au piano ? Non, il est trop
sensé pour cela.

» Eh bien ! chère... (toujours le nom gratté), j'ai été pour
vous cet Érard, qui vous a fourni l'occasion de déployer vos
mérites incontestables, de faire éclater et briller vos qualités
splendides. Sur le thème de mon cœur, vous avez brodé les
plus gracieuses, les plus tendres, les plus sublimes variations
de votre sensibilité. Vous avez dû être fort heureuse, plus j'y
songe. Le mal est que cela n'ait pas duré toujours, j'en tombe
d'accord avec vous. Tout s'en va. Je m'en suis allé comme un
simple piano, après le grand air de la jalousie et la cavatine
du parjure. C'est égal, chère amie, je vous engage une dernière fois à ne plus tant m'en vouloir de votre bonheur, si passager qu'il ait été. »

Cette fois, Amélie trouva que le paradoxe était poussé jusqu'au vertige, que la moquerie tenait à la cruauté. Elle eut peur
de son mari à son tour. D'un autre côté, la façon singulière
dont ces lettres lui arrivaient lui montrèrent l'espionnage et la
trahison cachés autour d'elle. C'était trop pour ce jeune cœur,
qui n'était pas encore né aux réalités amères de la vie. Elle
courut se réfugier dans les bras de Philippe.

— Tenez ! s'écria-t-elle, voilà ce que je reçois tous les jours ; délivrez-moi d'un semblable supplice !

Un coup de poignard eût moins fait de mal à Philippe Beyle que la vue de ces pages.

Il ne fit qu'y jeter les yeux ; il les reconnut, à son grand étonnement, car il croyait les avoir comprises dans l'auto-da-fé général qu'il avait fait de sa correspondance amoureuse, quelque temps avant son mariage.

Il sentit d'où lui venait cette nouvelle blessure ; mais, en ce moment, son principal soin devait être de la dissimuler aux yeux d'Amélie.

— Est-ce que nous avons des ennemis ? lui demanda-t-elle avec inquiétude.

— Le bonheur en a toujours. Mais rassurez-vous ; ce ne sont pas eux qui vous envoient ces lettres.

— Ce ne sont pas eux, dites-vous ?

— Non, Amélie.

— Alors, qui donc...

— C'est moi.

— Vous, Philippe ?

— Moi. Vous allez comprendre les motifs de cette conduite. C'est précisément lorsque nous sommes le plus heureux qu'il faut savoir prévoir et conjurer les moindres nuages de l'avenir. Or, je veux qu'on ne vous apprenne rien sur moi que je ne vous aie révélé moi-même. Forte et croyante aujourd'hui, peut être ne le seriez-vous pas autant dans quelques années...

— Oh ! Philippe ! dit-elle d'un ton fâché.

— J'ai voulu profiter de ces premières heures pour me faire connaître à vous tout entier ; j'ai voulu opposer aux qualités nouvelles les défauts anciens. Plus votre foi était robuste, plus votre épreuve devait être hardie et décisive.

— C'était donc une épreuve ? murmura Amélie un peu honteuse.

— Oui.

— Mais ce que vous écriviez autrefois...

— Était alors l'expression de ma pensée.

— Méchant !

— Prévenir le mal, cela vaut mieux que d'avoir à le guérir.

3

Désormais, lorsque vous comparerez l'homme que je suis avec l'homme que j'ai été, vous comprendrez que vous avez opéré une transformation. Ces femmes m'avaient fait sceptique et impitoyable ; vous, Amélie, vous m'avez rendu croyant et bon. A chacune ses œuvres.

— Philippe, j'ai été plus faible que vous ne le pensiez ; ces lettres m'avaient alarmée un instant ; je m'en accuse et j'en rougis. Pardonnez-moi, car je vous aime.

En dépit de sa prétendue assurance, Philippe Beyle s'empressa de faire maison nette, c'est-à-dire de changer immédiatement ses principaux domestiques.

Sauvé par une audacieuse inspiration, il n'en était pas moins inquiet pour l'avenir.

La main de Marianna s'appesantissait décidément sur lui ; ses menaces, qu'il avait d'abord dédaignées, puis oubliées, commençaient à se réaliser depuis quelque temps.

Ce premier coup, entre autres, avait été sûrement et habilement porté ; il eût suffi à dénoncer une imagination féminine. Détruire le prestige de Philippe aux yeux d'Amélie, ruiner l'époux dans l'esprit de l'épouse, tel avait été le but de Marianna.

Philippe avait déjoué ce but.

Il avait vaincu une première fois.

Mais vaincrait-il toujours ?

Le caractère de Marianna lui était connu ; de sa part, il pouvait s'attendre à tout.

Une telle perspective n'avait rien de rassurant pour la paix de son ménage.

Quel parti devait-il prendre ?

Après être entré avec Amélie dans la voie des confidences, devait-il lui avouer les motifs de cette vengeance suspendue sur les deux têtes ? Devait-il lui raconter longuement sa liaison avec Marianna, lui dire les mépris et les dégoûts dont il avait abreuvé cette femme ?

Philippe comprit qu'il avait trop à perdre à ce récit. Il est une nature de révélations dont on peut charger volontiers le hasard, mais qu'il importe de ne pas faire soi-même.

Il aurait fallu expliquer, justifier la haine terrible de Marianna. Comment s'y serait-il pris pour définir le genre d'outrage auquel, dans un incroyable accès de folie, il s'était laissé emporter lors de sa dernière entrevue avec elle? Il y a des torts envers une maîtresse dont rien ne vous lave, même aux yeux d'une femme légitime. L'outrage fait à Marianna était de ce nombre.

Il faut placer ici une observation, toute à l'honneur d'un sexe trop calomnié : c'est qu'une femme ressent plus vivement l'affront fait à une autre femme qu'un homme ne ressent l'affront fait à un autre homme.

Se confesser à Amélie eût donc été pour Philippe une faute et un danger.

D'ailleurs, cette confession n'aurait pas garanti Amélie des atteintes de sa rivale.

— Ces atteintes seront sans pitié, pensait-il; le *Dies iræ* de l'autre jour n'était qu'un prélude. Je puis juger de ce qu'elle fera par ce qu'elle a fait. Après m'avoir frappé lorsque j'étais seul, quel plaisir n'aura-t-elle pas à me frapper, maintenant que mon bonheur offre deux places à ses coups ! Elle passera par le cœur d'Amélie pour arriver plus douloureusement au mien. Ah ! Marianna ! l'éclair de votre colère ne mentait pas, et, tôt ou tard, la foudre devait le suivre !

Telles furent les réflexions de Philippe Beyle en quittant Amélie.

Il allait au hasard ; sa pensée avait besoin d'air et de mouvement.

C'était une chose nouvelle pour lui de se voir sur le point d'engager une lutte sérieuse avec une femme. Aussi l'étonnement n'entrait-il pas pour peu de chose dans la foule de ses craintes.

De plus, il se trouvait secrètement humilié.

Son humiliation était d'autant plus grande que, dans cette lutte, il ne se sentait pas le plus fort.

Il savait que Marianna disposait de moyens étranges et puissants, de ressources mystérieuses. Il se rappelait les paroles qu'elle lui avait jetées dans le délire de ses supplications; et à travers ces paroles il avait cru comprendre qu'elle était aidée dans sa vengeance par d'autres femmes.

Ce souvenir augmentait ses appréhensions.

Ce n'était donc pas seulement entre les mains de Marianna qu'il se sentait, mais dans un cercle d'ennemis invisibles.

La situation était grave.

Philippe arpentait les Champs-Élysées sous un de ces ciels moitié gris et moitié jaunes, qui sembleraient devoir appartenir exclusivement, et par droit de brevet, aux Iles-Britanniques.

Il marchait comme marchent les gens qui ne se préoccupent pas d'arriver, c'est-à-dire tantôt trop vite et tantôt trop lentement.

A la hauteur du carré Marigny, il rencontra un homme enveloppé de fourrures.

C'était M. Blanchard.

# CHAPITRE VI

## Une ancienne connaissance

Depuis les circonstances qui avaient mis M. Blanchard et Philippe Beyle en présence l'un de l'autre, aux bains de mer de la Teste-de-Buch, leurs rapports, d'abord un peu froids, étaient devenus insensiblement plus aisés, comme il arrive toujours entre gens du monde qui finissent par se découvrir gens d'esprit.

Ils s'étaient revus partout à Paris, et principalement au Club. Philippe tenait M. Blanchard pour une individualité remarquable ; et M. Blanchard, de son côté, regardait Philippe Beyle comme un homme à qui il ne manquait rien qu'une dose de bienveillance pour être tout à fait supérieur.

En se trouvant face à face avec Philippe Beyle dans les Champs-Élysées, M. Blanchard lui dit, après les saluts d'usage :

— Je lis sur votre physionomie que mon costume vous étonne...

— Mais non.

— Que ces fourrures me donnent à vos yeux l'air d'un ori
ginal ?

— Pas le moins du monde.

On se rappellera peut-être que la grande préoccupation de
M. Blanchard était d'échapper au reproche d'originalité.

— Hum ! vous n'êtes pas sincère, dit-il à Philippe.

— Je vous assure...

— Ou bien alors c'est vous qui êtes un original, en ne vous
habillant pas· comme moi.

— Cela pourrait bien être, monsieur Blanchard, répondit
Philippe du ton le plus sérieux.

— Est-ce que vous montez les Champs-Élysées ?

— Je ne sais pas.

— Comment ! vous ne savez pas ?

— Non. J'allais au hasard quand je vous ai rencontré.

— Au hasard ? Permettez-moi dans ce cas de régler mon
pas sur le vôtre.

— Volontiers, dit Philippe.

— Je croyais qu'il n'y avait plus que moi dans notre époque
qui allât au hasard.

— Pourquoi cela ?

— Parce que je suis un oisif, du moins au point de vue du
monde, qui n'est pas mon point de vue. Mais vous, un homme
d'État...

— Eh bien ? est-ce que les hommes d'État ne vont jamais
au hasard ?

— Charmant ! très-joli ! genre M. Scribe. Mais... un nouveau marié ?

— C'est justement pour cela, dit Philippe.

— Votre pensée m'échappe.

— Ah ! monsieur Blanchard, vous qui êtes à la recherche
d'émotions saisissantes, de tracas vivaces, je veux vous indiquer une voie peut-être nouvelle pour vous.

— Je suis tout yeux.

— Nouez dans les coulisses de quelque théâtre une intrigue
avec une de ces femmes séduisantes à qui la vie du monde et
la vie de l'art ont fait deux natures ; avec une chanteuse ou
une danseuse.

— *Giselle* ou *Norma*.

— Essayez de poursuivre pendant un an ou dix-huit mois cette intrigue, qui vous paraissait au début charmante comme un opéra, légère comme un ballet ; et puis, quittez tout à coup l'objet de votre fantaisie...

— Ce n'est pas difficile jusque-là.

— Ne dénouez pas, tranchez...

— Comme Alexandre.

— N'écoutez ni les fureurs ni les larmes, restez froid et brillant comme l'acier de la hache. Puis, ensuite...

— Ah ! voyons !

— Épousez, au bout de quelque temps, une jeune et belle enfant, ignorante de la vie et des haines ; tâchez de vous isoler avec elle dans cette retraite merveilleuse et inaccessible que tout homme rêve pour le milieu de son âge ; dites-vous bien que rien ne vous attache plus aux événements anciens, rien, pas même le souvenir ; endormez-vous dans cette assurance... Ah ! le réveil sera terrible !

— Je connais cela, dit M. Blanchard.

— J'en doute.

— Avec des mots nouveaux, vous venez tout bonnement de me raconter le vieux drame, le vieux roman, le vieux vaudeville intitulé : Femme et maîtresse.

— C'est vrai ; mais que de variantes à cet éternel sujet !

— Oui ; la vengeance d'une femme est le sentiment qui supporte le plus de perfectionnement et de raffinements.

Philippe ressentit un frisson à ces mots.

— Il est donc bien difficile de briser entièrement avec le passé ? dit-il, comme en se parlant à lui-même.

— Cela est même impossible, répondit M. Blanchard.

— Impossible ?

— On ne recommence jamais sa vie ; on la continue.

Un moment de silence suivit ces paroles, pendant lequel M. Blanchard examina à la dérobée la physionomie si expressive de Philippe Beyle.

Après une vingtaine de pas, il lui adressa cette phrase, où la réserve et la sympathie se fondaient dans les nuances d'une suprême distinction :

— Le sens de vos inquiétudes est peut-être plus aisé à pénétrer que vous ne le supposez vous-même. Voulez-vous que je vous aie deviné?

Philippe hésita.

— Pas encore, lui dit-il, en le remerciant avec un sourire contraint.

— Comme vous voudrez. J'aurais mis avec plaisir mon peu d'expérience à votre disposition. Vous m'épargnez le rôle de radoteur; c'est encore moi qui suis votre obligé.

— Oh! monsieur Blanchard! votre perspicacité se trouve ici en défaut.

— Comment donc?

— Moi qui, depuis quelques minutes, ne songe qu'au moyen de vous demander un service!

— Un service?

— Oui, monsieur Blanchard.

— A propos de quoi?

— A propos... de musique, si vous voulez.

— De musique, soit. Je me mets complétement à vos ordres.

— C'est une idée que j'ai eue, ou plutôt que je viens d'avoir tout à l'heure, presque à l'instant, dit Philippe.

— Ah! ah!

— Vous avez été en Russie?

— C'est à cause de mes fourrures que vous me dites cela.

— Non!

— Je suis allé partout.

— Et, sans doute, continua Philippe, vous avez conservé des relations à Saint-Pétersbourg?

— Beaucoup.

— Alors vous devez connaître le général Guédéonoff.

— Quel général Guédéonoff?

— Celui qui est spécialement chargé de recruter des comédiens pour le théâtre de l'empereur Nicolas.

— D'abord il n'est pas général.

— Bah!

— Il n'a même jamais été militaire.

— N'importe. Connaissez-vous M. Guédéonoff?

— Parfaitement; c'est un des plus fins limiers artistiques que je sache; il flaire un premier sujet à plus de cent lieues.

— J'ai entendu vanter en effet ses facultés spéciales, dit Philippe.

— Guédéonoff eût fait au dix-huitième siècle le plus habile et le plus spirituel sergent de gardes françaises qui ait jamais glissé une plume entre les mains d'un villageois, en lui promettant toutes les déesses du paganisme. Mais autre temps! Aujourd'hui il se contente d'enrôler à des prix fabuleux les amoureux du Gymnase qui n'ont pas encore de ventre (car il y a un tarif pour les amoureux comme pour les jockeys), et d'expédier de temps en temps pour la Néva quelques minorités tournoyantes, tourbillonnantes, et balonnantes qu'il enlève à l'Académie royale de musique.

— Je sais cela; et en vous demandant si vous connaissez M. Guédéonoff, je désire seulement apprendre si vous le connaissez intimement.

— Très-intimement!

— Si vous avez du crédit auprès de lui.

— Je le crois bien. Nous avons couru ensemble plus d'une fois la voix de tête et le rond de jambe.

— Ainsi, il écoute votre jugement.

— Il le consulte, affirma M. Blanchard. Il y a six mois, je lui ai fait engager un éléphant.

— Diable ! dit Philippe en riant; je vois qu'il a beaucoup de considération pour vous. J'aurais, moi aussi, à attirer l'attention de M. Guédéonoff sur quelqu'un... mais ce n'est pas sur un éléphant.

— Cela ne fait rien.

— Je voudrais user de votre influence pour lui recommander, ou plutôt pour lui signaler... une femme.

— Une femme, monsieur Beyle ?

— Oui, une jeune femme.

— Bien entendu !

— D'un talent hors ligne et d'une beauté célèbre.

— *Giselle* ou *Norma* ?

— *Norma*, dit Philippe.

— Vous savez, monsieur Beyle, que les cantatrices sont peu demandées à Saint-Pétersbourg. Pour être agréées par l'empereur Nicolas, il faut qu'elles soient précédées d'une réputation européenne.

— Celle dont je vous parle satisfait à cette condition.

— Fort bien ; veuillez me la nommer, et j'en parlerai tout prochainement à Guédéonoff.

— Vous la connaissez comme moi ; c'est la Marianna.

M. Blanchard recula de quelques pas.

— La Marianna, s'écria-t-il ; c'est la Marianna que vous voulez recommander...

— A la Russie, s'empressa d'ajouter Philippe.

— J'entends. C'est impossible.

— Pourquoi ?

— Pour deux raisons, au moins.

— La première ?

— La première... mais il n'y a vraiment que vous pour ignorer ce qui est connu et archi-connu dans le monde musical... la première, c'est que depuis plusieurs années Marianna a perdu sa voix.

— Elle l'a retrouvée ! s'écria Philippe.

— Allons donc !

— Plus puissante et plus admirable que jamais, je vous le déclare.

— Vous l'avez entendue ?

— Oui... oui... murmura Philippe avec un sourire amer, provoqué par le souvenir de sa messe de mariage.

— C'est extraordinaire !

— Dans ce cas, vous devez comprendre combien le moment est heureux pour remettre la Marianna en lumière.

— Je l'avoue.

— Pour la faire remonter sur ce piédestal où personne encore ne l'a remplacée.

— Personne, c'est vrai. Mais, mon cher monsieur Beyle, je vois que vous n'êtes instruit qu'à moitié de la nouvelle situation de Marianna. Laissez-moi compléter vos renseignements, comme vous venez de compléter les miens.

— Avec plaisir, dit Philippe.

— Marianna est riche aujourd'hui, très-riche ; elle est presque millionnaire.

— Millionnaire ! Comment? Par quel hasard?

— En mourant, Irénée de Trémeleu lui a légué toute sa fortune.

— M. de Trémeleu est mort?... dit Philippe, dont le front se rembrunit.

— Aux îles d'Hyères, où Marianna l'avait accompagné.

— C'était un homme de cœur, dit Philippe Beyle, devenu pensif.

— Dès lors, vous devez comprendre, à votre tour, combien il est difficile d'offrir un engagement à une personne que l'administration de sa fortune doit préoccuper exclusivement.

— Dans cette circonstance, on ne l'offre pas.

— Que fait-on ?

— On l'impose.

— Peste ! comme vous y allez !

— N'y a-t-il pas des précédents dans les annales dramatiques de la Russie? Il me souvient d'avoir entendu plusieurs fois raconter certaines razzias exécutées pour le compte de Sa Majesté impériale.

— Oh ! des contes !

— On cite les noms de plusieurs comédiennes enlevées...

— Par des pirates barbaresques, c'est possible, mais pas par les Russes.

— Hum ! monsieur Blanchard, croyez-vous que la conscience de M. de Guédéonoff soit bien nette à ce sujet?

— Je ne l'ai jamais interrogé.

— Eh bien ! interrogez-le.

— Volontiers.

— Parlez-lui en même temps avec enthousiasme de Marianna, de l'éclatante résurrection de sa voix, du réveil inespéré de son génie. Il en sera frappé, j'en suis sûr.

— J'en serais plus sûr s'il pouvait vous entendre vous-même, monsieur Beyle ; vous avez une chaleur, une conviction...

Philippe se mordit les lèvres.

— Voyons, continua M. Blanchard en riant, avouez que vous ne seriez pas fâché de faire enlever Marianna ?

— Mais...

— Dans l'intérêt de l'art ! comme dit le *Père de la Débutante*. Cette fois, j'outrepasse la permission, et je vous devine tout à fait. Tant pis, mon cher monsieur. Après tout, je suis un peu comme vous, je n'aime guère cette Marianna ; elle a fait souffrir ce bon, ce brave Irénée ; je lui en veux. Qu'il lui ait pardonné, cela le regardait. Mais moi, je n'ai pas de motif pour renoncer à ma rancune. Et puis...

— Achevez, dit Philippe en voyant hésiter M. Blanchard.

— Ce que vous m'avez laissé entrevoir tout à l'heure couronne d'un dernier trait ce caractère, qui ne m'a jamais été sympathique. C'est assez d'une victime dans la vie de cette femme. Il ne faut pas qu'elle puisse approcher des anges de la famille. Le profond et respectueux attachement que j'ai toujours eu pour M^lle d'Ingrande, et que j'ai reporté depuis sur M^me Beyle, me dit que mon devoir, à moi aussi, est de chercher les moyens de lui éviter un contact indigne.

Philippe lui serra la main avec une vraie émotion.

— Ainsi, comptez sur moi, dit M. Blanchard ; je parlerai à Guédéonoff ce soir, demain au plus tard. Je l'enflammerai, j'évoquerai le souvenir de Falcon. Un voyage forcé est nécessaire à la Marianna, décidément.

— N'est-ce pas ?

— Les difficultés seront grandes ; mais bah ! Guédéonoff a des priviléges, des immunités. Il se dira : Enlevons d'abord ! et il enlèvera. On n'est pas pour rien le représentant d'un autocrate.

— Merci, monsieur Blanchard, merci.

— De votre côté, vous savez sans doute où se trouve la Marianna ?

— Mais non.

— C'est important cela, et il faudra le savoir.

— Je m'informerai, je chercherai...

— Bien, dit M. Blanchard.

Et, en se frottant les mains d'un air de satisfaction, il ajouta :

— Allons ! allons ! faire disparaître de Paris une femme, cela va m'occuper pendant quelques jours.

— Que de reconnaissance ne vous devrai-je pas !

— J'en conviens ! mais... suspendez-en l'expression jusqu'à nouvel ordre, car nous avons affaire à forte partie.

— A qui l'apprenez-vous ? murmura Philippe Beyle.

Une heure environ s'était écoulée pendant cet entretien.

Philippe crut qu'il était de bon goût d'en rester là pour une première fois.

— Je crains, dit-il à M. Blanchard, d'abuser de votre temps.

— Vous voyez ce que l'on gagne quelquefois à aller au hasard, répondit celui-ci.

— C'est vrai, et j'espère que nous y retournerons ensemble.

— Quand vous voudrez.

— Où pourrai-je vous revoir ?

— Partout, au Club, chez vous.

— Mais si j'avais une communication importante à vous faire.

— Vous m'écririez, parbleu !

— En quel endroit ?

— Ah ! diable ! je n'avais pas songé à cela, se dit tout haut M. Blanchard.

— Où demeurez-vous? demanda Philippe, croyant n'avoir pas été entendu.

— Je ne demeure pas.

— Je m'explique mal sans doute. Quelle est votre adresse ?

— Ma foi ! voilà une question à laquelle je suis très-embarrassé de répondre.

— Ai-je été indiscret ?

— Du tout ! Seulement vous me voyez en peine de vous dire ce que je ne sais pas moi-même.

— Ce que vous ne savez pas ? répéta Philippe en souriant.

— Parole d'honneur !

— C'est juste ; j'oubliais que vous vous êtes fort spirituellement tracé un sentier indépendant et exceptionnel dans la vie.

— Oh! je n'ignore pas que l'on me trouve fantasque, souvent même ridicule ; tandis que je suis la logique et la simplicité incarnées.

— Cependant, monsieur Blanchard, un homme qui ne sait pas où il demeure, bien qu'il jouisse d'une grande fortune...

— Ressemble, selon vous, à un fou ?

— A un excentrique, tout au plus.

— Rassurez-vous, monsieur Beyle, je ne suis pas absolument sans feu ni lieu, comme un excommunié du moyen âge.

— Vous habitez probablement quelque mystérieuse bonbonnière cachée par vos ancêtres sous des guirlandes de roses et des touffes de chèvrefeuille, entourée de piéges à loups, défendue par des broussailles de fer, au fond du faubourg Saint-Germain, et par delà les Missions-Étrangères. Je vous approuve, certes.

— Non. Mes ancêtres, puisque vous daignez réveiller ces dignes personnages, m'ont légué, en effet, trois ou quatre maisons ; du moins, c'est ce que prétend mon notaire, qui les fait gérer pour moi ; je ne sais pas même dans quels faubourgs, dans quelles rues, sont situés ces immeubles ; et Dieu me garde de la pensée d'en habiter un seul !

— Vous préférez nos grands et somptueux hôtels, leur opulent comfort ?

— Encore moins ! s'écria M. Blanchard ; moi, loger à présent dans un hôtel ! me livrer à des personnes étrangères, à des serrures inconnues ! reposer entre les planches d'un lit qui a fourni sa vénale hospitalité à toutes les émigrations ! être exposé la nuit à me réveiller au bruit qui se fait sur ma tête ou sous mes pieds ! Monsieur Beyle, vous n'y pensez pas.

— Monsieur Blanchard, il faut pourtant bien demeurer chez soi ou chez autrui. Il n'y a pas de milieu.

— C'est là que je vous attendais. Ah! il n'y a pas de milieu, dites-vous ; eh bien ! j'ai trouvé un milieu, moi !

— Je dois vous croire, mais ma surprise...

— Hâtez seulement un peu le pas.

— Soit, dit Philippe.

— Avant cinq minutes, selon votre désir, vous allez voir où je demeure... aujourd'hui.

— Ah !

— Mais je ne réponds pas que vous sachiez où je demeurerai demain.

— Je vous avoue que ma curiosité est excitée au plus haut point.

Ils marchèrent encore jusqu'à ce qu'ils fussent arrivés au carré Marigny.

On sait que ce vaste emplacement était jadis affecté aux saltimbanques et aux montreurs de ménagerie, qui, à de certaines époques de l'année, s'y installaient avec une bruyance manifeste.

Mais, en ce moment, il n'y avait au carré Marigny qu'une seule voiture.

Cette voiture était taillée, il est vrai, sur le patron colossal de celles qui servent à transporter des familles entières d'écuyères et d'hercules. Un mince paraphe de fumée échappée d'un tuyau noir indiquait qu'elle était habitée.

Sur une affiche on lisait ces mots, tracés en lettres très-grosses : AUJOURD'HUI RELACHE.

Ce fut devant cette voiture que M. Blanchard s'arrêta.

Il pressa un bouton qui alla agiter une sonnette à l'intérieur.

Aussitôt un laquais en livrée, et qui avait l'air de sortir d'une boîte à surprise, jaillit plutôt qu'il ne sortit de l'immense véhicule.

A l'aspect des deux visiteurs, il s'empressa d'abaisser un marche pied.

— Donnez-vous la peine de monter, dit M. Blanchard à Philippe Beyle.

— Que je monte... là-dedans ?

— Puisque c'est là-dedans que je demeure.

— Quelle plaisanterie !

— Je vais vous montrer le chemin.

M. Blanchard monta le premier.

Philippe le suivit.

# CHAPITRE VII

## Le domicile de M. Blanchard.

Après avoir traversé un soupçon d'antichambre, dont la perspective était augmentée par des fresques à colonnades et à lointains bleuâtres, ils pénétrèrent dans un salon magnifique. Si l'extérieur de cette habitation roulante était d'une apparence modeste, à dessein calculée pour ne pas émouvoir la curiosité des badauds, l'intérieur offrait le plus brillant tabernacle qui ait jamais contenu tous les dieux de l'art et de l'industrie.

Faut-il, à cette occasion, apprendre ou rappeler à nos lecteurs que, tout récemment encore, un de nos anciens ministres, redevenu historien, et obligé à de nombreux voyages par ses études topographiques, s'était fait construire une voiture analogue, un de ces énormes wagons-appartements, qui permettent de goûter à la fois les avantages d'une locomotion rapide et les douceurs d'un luxe stagnant?

En remontant plus haut, on voit que Louis XVI avait également commandé pour sa fuite un caisson semblable, mais gauche et monstrueux, divisé en plusieurs compartiments, et destiné à contenir la famille royale tout entière, les courtisans et les· domestiques. Cette voiture se brisa, après une course de quelques relais.

Celle de M. Blanchard avait été construite sur ses propres indications et presque sous ses yeux.

M. Blanchard avait du goût : ses idées, confiées à des ouvriers d'un mérite supérieur, gagnèrent considérablement à une exécution irréprochable. On pouvait dire de sa maison qu'elle était le chef-d'œuvre de la carrosserie. La perfection des ressorts rendait tout cahot impossible ; ce n'étaient plus des ressorts, c'étaient des rubans. Le bruit n'arrivait à l'intérieur qu'amorti par des tapis épais comme un tertre normand ; il était absolument étouffé le soir par les volets qu'on appliquait contre les fenêtres, tant au dedans qu'au dehors.

Il n'y avait pas jusqu'aux vitres de ces fenêtres qui ne fussent doubles, à la mode russe.

Des prodiges d'ébénisterie ; une table qui s'agrandissait à volonté ou qu'on pouvait réduire aux simples proportions d'un guéridon ; des glaces au biseau exorbitant, et placées de telle sorte qu'elles multipliaient l'étendue à l'infini en se la renvoyant mutuellement ; des peintures ; une bibliothèque où les reliures de Niédrée et de Buru recouvraient, comme d'un manteau somptueux, les œuvres de la pléiade grelottante ; des armes, en cas d'attaque ; des buissons de girandoles ; voilà ce qu'un premier coup d'œil embrassait dans le salon-miniature où M. Blanchard introduisit Philippe Beyle.

Tout cela s'épanouissait, à la manière d'un bouquet, sous la vive lumière du jour, tombée d'en haut, et dont l'intensité, comme celle du bruit, pouvait être graduée facilement.

Deux bons chevaux dans Paris, quatre au dehors, mettaient en mouvement ce fourgon, dont rien à l'extérieur, comme nous l'avons dit, ne trahissait les merveilles, et qui passait aux yeux du public pour un coche forain, ou bien encore pour une voiture de la Compagnie du Gaz.

M. Blanchard ne faisait pas autre chose que de transporter dans notre civilisation les mœurs nomades des Arabes, avec cette différence qu'au lieu d'une tente conique et austère, la enne était carrée et splendide.

Ce fut ce qu'il s'efforça d'expliquer à Philippe dès qu'ils se furent assis tous les deux sur d'adorables fauteuils-ganaches.

— Franchement, monsieur Beyle, pour un célibataire ou pour un veuf, c'est-à-dire pour quelqu'un que rien ne relient ou ne rappelle au même point, y a-t-il un usage plus tyrannique que celui qui consiste à demeurer quelque part? Ne vaut-il pas mieux, comme moi, demeurer partout?

— J'avoue, monsieur Blanchard, que je ne me suis pas encore suffisamment rendu compte des avantages de votre système. Si commode et si élégant que soit ce volumineux carrosse, il me semble qu'une belle maison, en bonne pierre de taille, lui sera toujours préférée.

— Par qui? par des routiniers, par des gens que tout progrès, que toute amélioration épouvante. Habiter une maison, c'est s'apprêter les plus graves embarras, les plus longs ennuis, et graduellement les plus odieuses tortures. Ne croyez pas que j'exagère. Prenons un exemple : je sors du Club ; me voici forcé de marcher ou de me faire conduire jusqu'à *ma maison;* pour peu que cette maison soit à quelque distance, je perds dix ou quinze minutes dans un état de passivité stupide. Me prend-il fantaisie d'aller au Bois ou plus loin, en rase campagne, je suis obligé de me livrer à un ennuyeux calcul de prévisions afin de rentrer avant la nuit dans ma maison. Qu'en dites-vous?

Philippe riait et ne répondait pas.

— Ma maison! ma maison! Et dire qu'il y a des gens qui éprouvent une joie ineffable à prononcer ces deux mots. Ils auraient mieux fait de dire : ma prison. L'homme qui a une maison à soi, comme M. Vautour, ne peut ni vivre, ni respirer en dehors ; ses moindres volontés sont soumises à cette masse de pierre qui l'attend, qui le réclame : il voudrait bien voyager, mais que deviendrait-elle ? Aussi est-ce une expression vicieuse que celle-ci : *avoir une maison.* Ce n'est pas vous qui avez votre maison, c'est votre maison qui vous a.

— Comme la chienne de Beaumarchais, dit Philippe.

— J'ai donc eu raison de m'affranchir de ces tribulations

ridicules. Au lieu d'être forcé d'aller retrouver chaque soir mes
lares, ce sont mes lares qui me suivent partout où je vais.

— Oui, vous êtes le colimaçon de l'immeuble.

— Que me manque-t-il ici ? Après mon salon, voici ma
chambre à coucher.

M. Blanchard poussa une porte qui démasqua un antre tapissé, ouaté, frangé ; quelque chose de calme qu'on n'eût jamais
soupçonné et qui appelait le sommeil béat.

— Mon domestique a son hamac dans l'antichambre, con-
tinua-t-il. Nous remisons là où il me plaît. Très-souvent, en
été, j'ai vu lever l'aurore dans la plaine Saint-Denis.

— C'est charmant !

— Et quel bonheur de n'avoir à subir aucun voisinage in-
commode, de n'entendre le matin aucun de ces bruits, de
ces cris, de ces miaulements, de ces tambours qui saluent
l'aube de Paris ! En outre, est-il quelque chose de plus monotone et de plus bête, pour l'homme qui a une maison, que de
se réveiller tous les jours en face du même mur, de la même
cour ou du même jardin ? C'est à donner le spleen. Moi, je
varie éternellement mes points de vue.

Tout cela ne m'explique pas l'affiche placée en dehors de...
votre hôtel.

— Quelle affiche ?

— AUJOURD'HUI, RELACHE.

— C'est facile à saisir, cependant. La forme et l'étendue de
mon domicile m'exposent, je ne fais aucune difficulté pour en
convenir, à des méprises dont la répétition pourrait me fatiguer
quelquefois. Dans les endroits où je m'arrête, on me prend volontiers pour un dentiste, un marchand de crayons ou un
jongleur.

Philippe ne put s'empêcher de rire.

— C'est pour éviter les rassemblements et les questions que
j'ai autorisé mon valet de chambre à apposer cette affiche ina-
movible : AUJOURD'HUI, RELACHE. Cela écarte ou, du moins,
cela ajourne les curiosités. Il ne m'en faut pas davantage.

— Bravo ! monsieur Blanchard, vous avez réponse à tout,
dit Philippe en se levant.

— Où allez-vous donc?

— Il faut que je vous quitte; Amélie serait inquiète d'une plus longue absence.

— N'est-ce que cela? Rasseyez-vous, monsieur Beyle.

— Mais...

— Rasseyez-vous, je vous prie.

M. Blanchard pesa sur un timbre.

Le valet apparut.

— Attelez, lui dit-il.

Ensuite, se retournant vers Philippe :

— Je vais vous ramener chez vous.

— C'est trop de bonté, et je dérange peut-être votre itinéraire.

— Non. Je dînerai aux alentours du boulevard; ensuite je rentrerai pour m'habiller.

— Où?

— Ici. Ah! c'est juste, je ne vous ai pas fait voir mon cabinet de toilette.

— Et après, monsieur Blanchard?

— Après, j'irai passer une heure aux Italiens, où peut-être rencontrerai-je Guédéonoff.

— Votre... maison... fera queue parmi les calèches?

— Certainement.

— Et, au sortir du théâtre, vous tomberez moelleusement dans votre lit.

— D'ordinaire, c'est ce qui arrive; mais ce soir, je reçois.

— Vous recevez?

— Oui.

— Où cela?

— Ici, parbleu! toujours ici! Je compte ramener quelques personnes à qui j'ai donné rendez-vous au foyer. Nous prendrons le thé chez moi. Oh! une petite réunion sans façon. Si vous daignez être des nôtres...

— Merci, monsieur Blanchard.

— En tout cas, n'arrivez pas après minuit, car ma maison et moi nous serons partis pour Orléans, où je suis invité à déjeuner demain matin.

— De mieux en mieux ! savez-vous que je pourrais bien finir par me ranger à votre méthode ?

— Il faudrait commencer par là.

— On n'est pas parfait, dit Philippe en riant.

— Riez ! mes idées feront leur chemin.

— Grâce à votre cocher.

— Avant un siècle, tout le genre humain sera logé dans des voitures.

— Cela donnera assez l'image d'un déménagement universel.

M. Blanchard se leva à son tour.

— A bientôt, dit-il en tendant la main à Philippe Beyle.

— Comment ?... dit celui-ci, surpris.

— Vous êtes rendu chez vous.

# CHAPITRE VIII

## La fête d'une mère.

Une seconde visite avait été faite par Marianna à M^me do Pressigny.

Comme dans la première, elle s'était montrée décidée à poursuivre son œuvre vengeresse.

La plupart des instructions envoyées par elle à la marquise n'avaient pas été exécutées; c'était là un acte d'opposition inouï, sans précédents, et qui pouvait entraîner les conséquences les plus graves pour la grande-maîtresse.

Aux explications qui lui furent demandées par Marianna, M^me de Pressigny répondit vaguement, évasivement.

Étonnée, Marianna comprit tout de suite que la marquise était en demeure de lui résister sans enfreindre les statuts.

Mais, dans ce cas, pourquoi ne jetait-elle pas résolûment le masque? Pourquoi semblait-elle chercher à gagner du temps?

Il fallait que son plan de résistance ne fût donc pas complétement organisé; et s'il n'était pas complétement organisé, Marianna avait encore l'espoir de le renverser.

Il s'agissait de pénétrer ce plan.

Les moyens matériels ne faisaient pas défaut à Marianna : elle était riche. Elle pouvait avoir sa police, elle l'eut. Elle voulut savoir jour par jour, heure par heure, quel avait été l'emploi du temps de la marquise de Pressigny depuis leur premier entretien : un rapport circonstancié, et tel qu'elle le désirait, lui fut adressé.

Dans ce rapport, son esprit ne fut frappé que d'une chose : le voyage à Épernay.

Ce fut à saisir les causes de ce voyage que Marianna appliqua immédiatement toutes ses facultés.

Elle y parvint.

A première vue, cela peut paraître difficile; mais qu'est-ce qui ne paraît pas difficile à première vue ?

On se rappelle, si du moins on ne le sait par cœur, le conte de Voltaire où le philosophe Zadig, se promenant auprès d'un petit bois, est accosté par le grand-veneur, qui lui demande s'il n'a point vu passer le cheval du roi. — C'est, répondit Zadig, le cheval qui galope le mieux : il a cinq pieds de haut, le sabot fort petit; les bossettes de son mors sont d'or à vingt-trois carats; ses fers sont d'argent à onze deniers. — Quel chemin a-t-il pris? où est-il! — Je ne l'ai point vu et je n'en ai jamais entendu parler, répondit Zadig.

Zadig disait vrai.

Conduit devant ses juges, voici comment il s'expliqua :

— Vous saurez que, me promenant dans les routes de ce bois, j'ai aperçu les marques des fers d'un cheval; elles étaient toutes à égale distance. « Voilà, ai-je dit, un cheval qui a un galop parfait. » J'ai vu sous les arbres, qui formaient un berceau de cinq pieds de haut, les feuilles des branches nouvellement tombées ; j'ai reconnu ainsi que ce cheval y avait touché, et que, par conséquent, il avait cinq pieds de haut. Quant à son mors, il est d'or à vingt-trois carats, car il en a frotté les fossettes contre une pierre que j'ai reconnu être une pierre de touche et dont j'ai fait l'essai.

Ce fut par une suite d'inductions pareilles à celles de Zadig que Marianna réussit à percer le mystère du voyage de la marquise.

Elle sut qu'à Épernay habitait une sœur de l'association.

Les informations qu'elle fit prendre lui apprirent que cette sœur, par sa position obscure, n'avait jamais été à même de rendre d'importants services à la Franc-Maçonnerie des femmes.

Raison de plus, de la part de Mᵐᵉ de Pressigny, pour exiger d'elle un sacrifice décisif et destiné à payer toutes ses dettes en une fois.

Quelle pouvait être la nature de ce sacrifice ?

Un mystère planait évidemment autour de la maison et de la famille Baliveau. Un tel isolement avait sa cause ; une tristesse si particulière devait être motivée.

Deux idées se présentèrent en même temps à Marianna :

L'idée de ruine ;

L'idée de maladie.

Elle se confia à un homme d'affaires pour la première.

Elle s'adressa à un médecin pour la seconde.

L'homme d'affaire et le médecin allèrent camper à Épernay. Inutile de dire que l'un et l'autre avaient été choisis par Marianna dans ces bas-fonds de l'intrigue parisienne où se débattent tant d'intelligences corrompues.

Après huit jours, l'homme d'affaires et le médecin revinrent rendre compte de leur mission, en disant :

— Oui, il y a ruine.

— Oui, il y a maladie.

— La ruine est du côté du mari.

— La maladie est du côté de la femme.

Seulement, comme la dissimulation provinciale est encore plus forte que la rouerie parisienne, aucun d'eux ne put chiffrer la ruine, aucun d'eux ne put spécifier la maladie.

C'en était assez néanmoins pour Marianna.

A ses yeux, il était clair que la marquise de Pressigny devait spéculer sur ces deux circonstances.

Dans quel but ?

Elle n'en pouvait avoir de plus actuel et de plus sérieux que de conjurer les périls qui s'amoncelaient sur l'époux de sa nièce.

C'était donc pour conjurer ces périls qu'elle avait fait le voyage d'Épernay, qu'elle avait été au-devant de cette maladie, de cette ruine.

Une ruine se détourne.

Une maladie s'utilise.

Sur cette pente, Marianna ne s'arrêta pas ; elle alla si loin, qu'elle atteignit l'invraisemblable vérité.

Il fut évident pour elle que la marquise de Pressigny voulait faire de sa nièce une franc-maçonne, et que, pour cela, elle avait jeté les yeux sur Mme Baliveau. Marianna frémit, car elle ignorait que le hasard seul était l'auteur de cette combinaison. Elle crut que la marquise avait acheté la vie d'une femme, et elle chercha le moyen d'annuler ce marché épouvantable.

En conséquence, un soir, au sortir du salut, une vieille dame, dont les traits étaient comme ensevelis dans des coiffes noires, s'approcha de Mlle Anaïs Baliveau, au moment où celle-ci trempait ses doigts dans le bénitier, et lui dit à voix basse :

— Veillez sur votre mère, elle veut attenter à ses jours.

L'effroi rendit Anaïs immobile. Lorsqu'elle fut en état d'ouvrir la bouche, elle ne vit plus personne autour d'elle.

Ce sinistre avertissement la trouva d'abord incrédule; car, dans la pureté de sa conscience, elle ne pouvait admettre le suicide que comme un épouvantable et dernier refuge ouvert aux remords par le crime, et la vie de sa mère lui était trop bien connue pour laisser place à un seul soupçon.

Anaïs s'appliqua néanmoins à l'observer avec une attention nouvelle, épiant ses démarches, commentant ses paroles; et elle ne tarda pas à remarquer en elle un redoublement de tendresse qui lui causa d'indicibles transes.

Un drame pénible se développa alors.

Mme Baliveau se montrait plus avide que jamais des caresses et du sourire de sa fille ; elle la serrait à chaque instant et à toute occasion dans ses bras, la regardait avec délices, passait des journées entières à l'initier aux choses du ménage, à lui donner des conseils ; et cela, avec un accent, des regards, une émotion qui ne s'étaient jamais produits chez elle à un degré semblable.

— Ne croirait-on pas que vous devez me quitter, ma mère ? lui disait quelquefois Anaïs en la regardant fixement.

— Non ; mais il convient que tu sois instruite dans tous les devoirs d'une bonne épouse.

D'autres fois c'étaient ses propres parures, ses bijoux de noces, ses dentelles et ses robes de jadis, que M<sup>me</sup> Baliveau allait extraire du fond de ces mystérieuses armoires de province, arches de la famille où dort le souvenir des beaux jours de la vie, des coquetteries solennelles, des fastes touchants ; tabernacles pieux et qu'on n'ouvre pas sans être attendri. Elle remuait tout cela, et elle venait ensuite répandre sur les genoux de sa fille les colliers aux perles jaunies par le temps, les merveilleuses guipures qui n'ont été portées qu'une fois, les écrins du baptême, les mouchoirs brodés, tous ces trésors intimes qui gardent jusqu'au doux parfum du passé.

A chacun de ces cadeaux, M<sup>me</sup> Baliveau paraissait attendre de sa fille un élan de joie, un mouvement de surprise charmée. Au lieu de cela, Anaïs demeurait muette.

— Hélas ! lui dit à la fin M<sup>me</sup> Baliveau découragée, tu trouves tout cela indigne de ta beauté et de ta jeunesse, n'est-ce pas ?

— O ma mère ! pouvez-vous le penser ?

— Alors, d'où viennent ton silence et ta froideur ?

— Eh bien ! si vous voulez que je vous l'avoue, je crois recueillir votre héritage.

— Quelle singulière pensée tu as là !

— Pourquoi renoncer à ces parures que j'aurais tant de plaisir à vous voir porter encore ?

— Tu te maries ; n'est-ce pas à ton tour de briller ?... Voudrais-tu, avec mon âge et mes cheveux gris, que j'eusse recours à ces artifices ?

— Votre âge, ma mère ? Mais tout le monde ici vous trouve aussi jeune que moi.

M<sup>me</sup> Baliveau sourit.

— Crois-moi, ma chère Anaïs, dit-elle, le seul bonheur qui m'est réservé à présent, c'est de me voir revivre en toi, et comme femme, et comme mère.

— Ne craignez-vous pas de me voir appartenir à un autre ?

— Non, je sais d'avance quel partage égal tu feras de ta tendresse. Mais, vois ces broderies : il n'y en a pas de plus belles dans Épernay. Je suis sûre qu'elles t'iront à ravir.

Anaïs ne regardait pas.

— Veux-tu les essayer ?

— Comme vous voudrez, ma mère.

Les broderies tombèrent tristement des mains de M<sup>me</sup> Baliveau.

— C'est donc bien passé de mode ! murmura-t-elle presque timide ; je sors si peu ; j'ignore, en effet, ce qui est beau et riche maintenant. Excuse-moi. Pourtant Étienne m'a souvent répété qu'elles étaient magnifiques. Il y a bien longtemps, c'est vrai. Pauvres défroques !

— Ma mère, je vais vous communiquer une idée qui vous paraîtra déraisonnable, folle.

— Dis toujours.

— Cette idée me poursuit sans relâche ; il faut que je m'en débarrasse, car elle me fait trop de mal.

— Qu'est-ce donc, mon enfant ?

— Il me semble, sans que je m'en rende bien compte, qu'un malheur nous menace.

— Que veux-tu dire ? demanda la mère inquiète.

— Depuis quelque temps, je ne vous trouve plus la même.

— Plus la même ! Est-ce que, sans m'en apercevoir, je ne te témoignerais plus autant d'affection ?

— Au contraire, murmura la jeune fille.

— Je ne te comprends pas ; explique-toi, je t'en prie. Anaïs, ma chère enfant, qu'as-tu ? On dirait que tu es près de pleurer. Quelle peine involontaire ai-je pu te causer ?

— Aucune, ma mère, aucune... mais depuis quelques jours...

— Eh bien ! depuis quelques jours ?

— J'ai peur.

La mère pâlit.

— Peur ? répéta-t-elle.

— Oui, ma mère.

— Peur... de quoi ?

La jeune fille garda le silence.

— Je sais ce que c'est, dit M<sup>me</sup> Baliveau en essayant de sourire : c'est l'approche de ton mariage qui t'effraye. J'étais comme cela, moi aussi.

— Non, ma mère, ce n'est pas l'approche de mon mariage qui m'effraye.

— Alors ?

— Vous rappelez-vous le jour où vous avez reçu la lettre de cette dame de Paris, votre amie de pension ?

— O mon Dieu ! pensa la mère.

— Eh bien ! mes craintes datent de ce jour-là.

— Quelles craintes, Anaïs ?

Et, la regardant à son tour avec anxiété, elle ajouta :

— Est-ce que... tu nous aurais écoutées ?

— Oh ! ma mère !

— Non, non ! pardonne-moi, je ne sais ce que je dis. Mais c'est ta faute. Tu me troubles avec tes chimères. Voyons, quelle est l'inquiétude qui t'agite ? Tes mains sont brûlantes, en effet. Que crains-tu ?

— Je crains de vous perdre, répondit sourdement la jeune fille.

— Ah !

M<sup>me</sup> Baliveau porta la main à sa gorge pour y arrêter un cri.

Anaïs fondit en larmes.

— Me... perdre ? dit enfin la mère en faisant un puissant effort sur elle-même ; qui a pu t'inspirer une pareille supposition ? ai-je donc l'air d'être malade ?

— Non, ma mère, ce n'est pas cela.

— Ce n'est pas cela, dis-tu ?

— Non.

— Eh bien de quel accident crois-tu que je sois menacée ? Chasse, mon enfant, toutes ces terreurs sans motifs. Veux-tu m'alarmer moi-même ? veux-tu alarmer ton bon père ? Tu auras été tourmentée, je le vois bien maintenant, par quelques-uns de ces rêves qui se représentent plusieurs fois et qu'on est tenté de prendre pour des avertissements, à cause de leur obstination. Il faut tâcher de t'étourdir. En continuant de t'abandonner à des idées aussi ridicules, tu risquerais de me faire une peine sérieuse... et ce n'est pas ton intention, n'est-ce pas ?

Mme Baliveau avait réussi à prononcer ces paroles avec un accent si calme, si naturel, qu'Anaïs sentit ses doutes s'évanouir.

— Laissons là ces toilettes, reprit Mme Baliveau ; elles sont la cause de cette conversation chagrine.

Un instant après, elle demanda, comme avec indifférence :

— A propos, Anaïs...

— Que voulez-vous ma mère ?

— Combien y a-t-il de jours que cette dame, Mme de Pressigny, est venue me voir ?

— Il y a quatorze jours.

Mme Baliveau ne fut pas maîtresse d'un mouvement de surprise.

— Quatorze jours, répéta-t-elle ; en es-tu bien sûre ?

— Oui, ma mère.

— Déjà ?...

Ce mot fut prononcé lentement et à voix basse.

Ce mot résumait depuis quatorze jours tous ses bonheurs et tous ses regrets !

Au moment de quitter volontairement la vie, elle s'était sentie retenue par tous les liens du foyer, resserrés autour d'elle avec plus de force et de charme. Son mari auquel elle avait remis les soixante mille francs de la marquise, sous les apparences d'un prêt, son mari s'était départi envers elle de sa réserve accoutumée. Les soirées du petit salon violet en avaient reçu une gaieté plus franche. Mme Baliveau hâtait les préparatif du mariage d'Anaïs avec M. Fayet-Vidal, le blond substitut. Tout riait à cette pauvre femme ; la maladie elle-même semblait l'oublier.

Une surprise lui était réservée ce même soir.

C'était sa fête.

Deux lampes de plus ornaient le salon. Les vases de la cheminée avaient été remplis de fleurs. Chaque invité brillait de cet air discret et de ce bon sourire qui sont l'éclat de la province ; on se parlait à mi-voix. Une partie de piquet commencée s'était achevée tout de travers. Catherine allait et venait avec une mine affairée. Le tablier blanc d'un pâtissier avait été aperçu dans l'entre-bâillement d'une porte, puis M. Baliveau s'était levé pour aller pousser vivement la porte. Quelques yeux impatients se fixaient sur la pendule. L'arrivée du substitut, dont le paletot ne dissimulait pas suffisamment un énorme bouquet, compléta la réunion et devint le signal de la fête.

A minuit, tout le monde était encore dans le petit salon violet, ce qui n'avait jamais eu lieu jusqu'alors. M<sup>me</sup> Baliveau tenait tendrement serrées les mains de sa fille dans les siennes.

— Je monterai demain dans ta chambre avec Catherine pour prendre la mesure de tes rideaux de fenêtre. J'ai de la mousseline avec des dessins de toute beauté ; je veux t'en faire cadeau, à toi et à ton mari, puisque vous nous avez promis de demeurer ici pendant quelque temps.

Trois jours après cette fête d'intérieur, Marianna était chez la marquise de Pressigny.

Elle menaçait et elle demandait, à la grande-maîtresse de la Franc-Maçonnerie des femmes, sa signature au bas d'un ordre dirigé contre Philippe Beyle.

Après avoir vainement essayé de toutes les formes de supplication, M<sup>me</sup> de Pressigny allait écrire son nom sur l'acte fatal, lorsqu'un valet entra, lui apportant une lettre.

Un tremblement la saisit dès qu'elle eut jeté les yeux sur le timbre.

La lettre venait d'Épernay.

Elle la décacheta sous le regard inquiet de Marianna, et en retira un papier qui n'était autre que l'acte de décès de M<sup>me</sup> Baliveau.

Une profonde tristesse remplit le cœur de la marquise et voila son front pendant un instant.

Quand elle se retourna vers Marianna :

— Ma nièce Amélie est franc-maçonne, dit-elle, et son mari est désormais inviolable.

# CHAPITRE IX

## Lettres anonymes.

Les lettres anonymes ne pouvaient manquer à Philippe Beyle.

Voici celle qu'il reçut, lettre écrite avec du venin et sablée avec de la calomnie :

« Vous négligez déjà votre femme ; vous lui laissez passer de longues soirées auprès de M<sup>me</sup> de Pressigny. Ne vous est-il jamais venu à la pensée qu'une confiance excessive déplaisait à l'honnêteté elle-même ? Vous ne savez pas que les femmes se vengent tôt ou tard des libertés qu'on leur permet en prenant les licences qui leur sont interdites ? M<sup>me</sup> Beyle a pu s'étonner d'abord de vous voir si peu exigeant ; maintenant elle se plaît à vous voir tel que vous êtes. Si vous désirez connaître combien elle tient aux heures d'indépendance que votre insouciance lui accorde, demandez-lui de vous consacrer une des soirées qu'elle réserve à sa tante, par exemple celle de demain.

» UN AMI CLAIRVOYANT. »

C'était là le triomphe de la lettre anonyme. Rien n'y manquait : style patelin, heureux choix de mots, manifestation de sympathie, signature affectueuse ; quelque chose comme un reptile qui ondule, se glisse, prend son temps et s'élance.

Tout en souriant de mépris, Philippe examina l'écriture de cette dénonciation ; elle était ferme, lourde, prétentieuse.

Il en conclut que ce devait être l'œuvre salariée de quelque écrivain public.

Néanmoins, et bien qu'il se fût promis de n'accorder à cette injure qu'un légitime oubli, ce ne fut pas sans un mouvement de contrariété qu'il entendit le lendemain Amélie dire au laquais :

— Prévenez le cocher pour huit heures ; j'irai ce soir chez Mᵐᵉ de Pressigny.

La lettre anonyme était donc bien instruite.

Résolu à étouffer au fond de son cœur tout germe de honteux soupçon, Philippe, le soir venu, annonça qu'il irait à l'Opéra.

Ayant dit, il se leva et posa ses lèvres sur le front d'Amélie, ce qui est, pour tout mari bien élevé, la meilleure façon de prendre congé de sa femme.

L'empressement qu'elle apporta à recevoir ce baiser causa à Philippe un trouble et un malaise qu'il ne put cacher.

— Qu'avez-vous, mon ami ? lui demanda-t-elle.

— Une oppression subite... oh ! rien qui doive vous inquiéter.

— De quel air vous me dites cela, Philippe ?

Il s'était assis.

Elle s'assit auprès de lui.

— Voulez-vous que je sonne ? reprit-elle.

— Non.

— Vous avez pâli, cependant ; il faut envoyer chercher le docteur.

— Ce n'est pas la peine, Amélie.

— Voyons, qu'éprouvez-vous ?

— Plus rien.

— Plus rien ? répéta-t-elle d'un ton incrédule.

— Je vous l'assure, dit-il en la regardant avec un sourire où la méfiance s'effaçait peu à peu.

— En effet, vous êtes moins pâle.

Elle se remit à se ganter.

Une préoccupation visible remplaça ses affectueuses démonstrations.

On eût dit qu'elle s'impatientait contre la pendule, trop lente à son gré. Du bout de son brodequin, elle agaçait les gros chenets reluisants de la cheminée, ou bien elle revenait se poser devant les glaces de l'appartement pour retoucher quelque détail de sa toilette, semblable à un peintre que ne satisfait jamais absolument son ouvrage.

Enfin, le valet de pied entra en disant :

— La voiture de madame.

Un geste de satisfaction échappa à Amélie.

— Vous ne souffrez plus, Philippe ? dit-elle en se retournant vers son mari.

— C'est passé.

— Vous m'avez alarmée un instant.

— Rassurez-vous, je vais mieux.

— Mieux seulement ?

— Bien.

— C'est que si vous étiez sérieusement indisposé, je ne voudrais pas vous laisser seul, ajouta-t-elle en donnant de l'espace à sa robe.

— Ne craignez rien.

— Alors, je puis aller chez notre tante ?

— Avez-vous besoin de ma permission ?

Sur le seuil de l'appartement, Amélie se retourna encore une fois et lui envoya un adieu.

— Je suis un fou, et ma femme est un ange ! dit Philippe lorsqu'il se vit seul. Jaloux, moi, après quelques jours de mariage ! je ne mérite pas mon bonheur.

Il courut à l'Opéra, riant sincèrement de ses premières inquiétudes conjugales.

Le lendemain, un second billet anonyme saluait son réveil.

— Un sage le déchirerait sans le lire, pensa-t-il.

Et il demeura quelque temps indécis, le pouce sur le cachet. Les réflexions se succédèrent.

— Pourquoi un sage le déchirerait-il? Afin de ne pas voir sa confiance ébranlée. Ce sage ne serait guère courageux, en tous cas. Ne pas lire ce billet, c'est supposer que quelque chose peut ébranler ma confiance. Lisons.

Voici ce qu'il y avait dans cette lettre :

« Mon zèle aura raison de votre indifférence. Puisqu'il vous a paru inutile ou impossible de retenir Mᵐᵉ Beyle hier soir, demandez-lui au moins où elle est allée.

» UN AMI ACHARNÉ. »

— Passe pour cela, se dit Philippe ; je puis faire cette concession à *mon ami*.

Il réserva cet entretien pour le déjeuner.

Au déjeuner, paraissant s'aviser d'un oubli de politesse, il posa la question en ces termes :

— Donnez-moi donc des nouvelles de votre tante, Amélie.

— Un reste de névralgie, mais peu de chose.

— Vous l'avez vue hier ?

Amélie leva les yeux sur Philippe avec étonnement.

Il reprit :

— Je veux dire : Vous êtes allée chez elle?

— Vous le savez bien.

— C'est vrai.

Il se tut; mais le souvenir de la lettre anonyme le poursuivait encore.

— *Mon ami* se moque de moi, pensa-t-il ; j'ai fait la demande qu'il m'indique ; la réponse est très-rassurante. Il me rend ridicule.

Néanmoins, après un silence de quelques minutes, Philippe ajouta :

— Recevait-elle hier ?

— Qui ?

— M^me de Pressigny.

— Mais non, puisqu'hier c'était mercredi. Elle ne reçoit que les vendredis ; il est impossible que vous l'ayez oublié.

— Ah ! c'est juste.

— Quelle singulière conversation vous avez ce matin, Philippe !

— Excusez-moi : je suis un peu distrait.

— Je m'en aperçois.

— Croiriez-vous qu'hier soir, à l'Opéra, j'ai eu jusqu'au dernier moment une vague espérance.

— C'était ?...

— C'était que vous viendriez avec la marquise.

— Oh ! nous étions trop occupées, s'écria étourdiment Amélie.

Philippe l'observait.

Elle rougit et perdit contenance.

— Il est peut-être indiscret à moi de m'enquérir de ces occupations ? dit-il.

— Pourquoi donc ? balbutia Amélie.

— Mais... je ne sais.

— Ma tante n'a pas de secrets.

— Et vous ? dit Philippe.

— Moi non plus, répondit-elle en cherchant à sourire ; quels secrets voulez-vous que j'aie ? Est-ce que vous allez recommencer votre conversation à bâtons rompus, comme tout à l'heure.

— Ainsi, vous et votre tante, vous avez été fort occupées hier soir ?

— A des œuvres de bienfaisance, oui.

— C'est pour le mieux.

— Vous paraissez ignorer, dit Amélie, que nous appartenons toutes les deux à plusieurs sociétés de charité, à l'œuvre de Saint-François de Paule, aux Jeunes-Orphelines, aux Jeunes-Aveugles...

— Je sais cela.

— Vous même, Philippe, vous êtes inscrit parmi les fondateurs des Crèches.

— Bah !

— Oui, mon ami.

— Vous avez bien fait, je vous en remercie, dit-il en prenant la main de sa femme ; mais... revenons un peu, si du moins vous le voulez bien, à vos occupations d'hier.

— Volontiers.

— Comment s'est exercée votre bienfaisance ?

— Mais comme elle s'exerce d'habitude.

— Au dehors, n'est-ce pas ?

— Oui, au dehors.

— Oh ! la lettre ! la lettre ! pensa Philippe.

Et il continua de l'accent le plus ordinaire :

— Alors, vous êtes sorties ?

— Sans doute.

— Ensemble ?

— Ensemble.

— Je le savais, dit Philippe avec un sourire politique.

— Par qui ? demanda Amélie plus étonnée qu'inquiète.

— On vous a vue.

Amélie avait eu le temps de se remettre.

Elle arrêta à son tour ses yeux sur Philippe et leur donna une expression narquoise.

— Savez-vous, lui dit-elle, comment se nomme, de son vrai nom, ce que vous venez de me faire subir ?

— Eh bien ?

— Un interrogatoire.

— Amélie ! protesta Philippe.

— Un véritable interrogatoire.

— Vous donnez à de simples questions un sens trop déterminé.

— Philippe, parlons franchement.

— Je ne demande pas mieux ; commencez, dit-il.

— Avouez que vous êtes devenu curieux.

— Non, mais je peux le devenir.

— Comment cela ?

— Cela dépend de vous, Amélie.

— De moi ?

— Vous n'avez qu'à me cacher une seule de vos démarches.

— Ah ! dit la jeune femme, qui devint pensive.

— Est-ce que cela vous fait réfléchir ?

— Oui.

— Si j'en juge par votre physionomie, vos réflexions sont d'un ordre bien mélancolique.

— En effet ; je pensais, pour la première fois, à votre autorité, aux droits que vous donne sur moi le mariage.

— Amélie, vous raillez, j'imagine.

— Un prévenu raille-t-il devant le juge d'instruction ?

— Ah ! voilà une méchante parole. Quoi ! ma sollicitude deviendrait à vos yeux de la défiance, ma tendresse une inquisition ! Vous n'y songez pas, Amélie. Depuis quand deux époux se sont-ils interdit les confidences ?

— Depuis que ces confidences ne pouvaient servir à l'un d'eux que pour contrôler d'absurdes renseignements.

— Que voulez-vous dire ?

— Qu'il est étrange à vous, Philippe, de m'interroger sur des choses que vous savez déjà. Quant à celles que vous ignorez, les personnes qui m'ont rencontrée vous les apprendront peut-être. Mais ne comptez pas sur moi pour cela.

Quelque chose de l'air et de l'autorité de M<sup>me</sup> d'Ingrande avait passé dans ces paroles.

Philippe le remarqua et il devint sombre.

— Ainsi, dit-il, dès aujourd'hui vous établissez la possibilité d'un mystère entre nous deux ?

— Jamais je ne vous ferai un mystère de ce qui ne concernera que moi.

— Vous avez des formules qui sentent tout à fait la diplomatie, chère amie. Rédigeons notre traité en termes meilleurs. Que me direz-vous et que ne me direz-vous pas ?

— Mon devoir est de tout vous dire, Philippe ; mais est-il de votre dignité de tout demander ?

5

Cette dernière réponse appartenait à un genre de phrases dont il avait appris à se méfier plus que de toutes autres.

Il se tut.

Il ne voulut pas prolonger plus longtemps une lutte dont l'issue paraissait incertaine. Peut-être même regretta-t-il de l'avoir poussée trop avant. Quelle base avaient ses soupçons, en effet? De quelles preuves étayer une accusation quelconque?

Néanmoins, la lettre anonyme avait porté coup.

L'embarras d'Amélie, sa rougeur soudaine, ses réponses ambiguës, tout cela devait rester dans l'esprit de Philippe Beyle.

Marianna avait réussi à empoisonner son bonheur.

# CHAPITRE X

## Le boulevard des Invalides.

La nuit avait la noirceur des tragédies de Crébillon le père.

Neuf heures venaient de sonner à toutes les horloges de Paris, lorsqu'un coupé déboucha sur le boulevard des Invalides.

Ce coupé était suivi, à une distance calculée, par un cabriolet de régie.

Les passants commençaient à se faire fort rares dans ce quartier où, à moins de circonstances extraordinaires, ils sont fort peu nombreux en plein midi.

Périgueux et Lodève sont moins éloignés de Paris que le boulevard des Invalides, magnifique ceinture du faubourg Saint-Germain, large comme une grande route, et qui garde le caractère solennel du temps passé.

Ce boulevard, effroi des cochers de citadine, commence non pas au bord de la Seine, mais un peu plus loin, à l'extrémité des constructions singulières et arbitraires de feu M. Hope, c'est-à-dire à l'angle de la rue de Grenelle. Il se développe sur une double allée d'arbres énormes, bordée de vastes trottoirs, et ne s'arrête qu'à la barrière du Maine, pour prendre le nom de boulevard Mont-Parnasse et monter vers les régions paisibles de l'Observatoire. En son chemin, il longe successivement un assez grand nombre d'établissements religieux, qui contribuent à lui donner cet aspect exceptionnel et grandiose, entretenu par le souvenir de Louis XIV. C'est d'abord, à gauche, l'archevêché, silencieux et confortable palais ; ensuite, le couvent du Sacré-Cœur, qui occupe un emplacement immense, protégé par un mur au-dessus duquel on voit se balancer les branches d'un parc vraiment royal ; la religion, la science et la poésie bercent sous ces charmilles les gracieuses titulaires des plus belles dots de France. Puis, voici l'asile plus modeste des Frères de la Doctrine chrétienne, dont il n'est pas rare de rencontrer les noires phalanges se dirigeant, lentes et recueillies, vers les campagnes d'Issy.

A la hauteur de la rue de Sèvres, on passe devant l'institution des Jeunes-Aveugles, renommée aux alentours par l'effervescence de ses essais musicaux. Plus loin est la maison dite des *Oiseaux*, qui tient le milieu entre le couvent et le pensionnat, entre la religion et le monde, et qui est à peu près au Sacré-Cœur ce que la finance est à la noblesse.

Si l'on parcourt le boulevard des Invalides le dimanche, à l'heure des offices, on est sûr d'entendre pendant une demi-heure un concert de voix pieuses et argentines. Les sons de l'orgue s'élèvent au-dessus des jardins ; des notes de plain-chant traversent les airs et viennent expirer sur la chaussée.

Le côté droit du boulevard est la partie déserte ; les murailles de l'hôtel des Invalides, de nombreux chantiers de bois ; çà et là un pavillon couvert d'ardoises, ou bien une petite maison composée d'un rez-de-chaussée et d'une mansarde, repaire abandonné de quelque fermier général libertin ; nous ne croyons pas qu'on puisse y voir autre chose.

Les mœurs de ce faubourg sont inconnues principalement de ceux qui l'habitent ; ce sont pour la plupart des employés de ministères, des rentiers modestes, gens peu observateurs de leur nature, n'estimant la promenade qu'au point de vue de l'hygiène, et ne craignant rien tant que de se trouver attardés sur la voie publique. Aussi, si la vie de famille ou plutôt l'amour du *chez soi*, est pratiqué quelque part à Paris, c'est surtout dans ces zones lointaines, où la porte de chaque logis se ferme régulièrement dès le crépuscule pour ne se rouvrir qu'à l'aurore. Là se voit encore, dans toute sa pureté, la race du Parisien économe, qui achète ses denrées hors barrière, et se loge à la hauteur d'un bec de gaz afin d'éclairer gratuitement ses lares.

Les existences mystérieuses, celles que de grandes déceptions ont atteintes ou que de grandes fautes ont flétries, semblent aussi se réfugier de préférence sur ce boulevard austère. On pourrait y découvrir d'anciennes héroïnes de cours d'assises, des naufragés politiques, des ambitieux sans nom, cent misères d'autant plus féroces qu'elles sont fièrement cachées et noblement portées. Là, plus qu'ailleurs, vous rencontrez de ces fronts dépouillés, de ces regards creusés par le regret, de ces démarches insouciantes du but, de ces haillons qui disent la lutte et la défaite.

Mais si cette lisière de la capitale recèle de muets désespoirs et de douloureuses pudeurs, elle offre, en revanche, de riantes, d'originales particularités. Qui croirait qu'à cent pas des Invalides on cultive de vastes champs plantés de salades, qu'on y entretient des simulacres de prairies, et qu'on nourrit des vaches pour en vendre le lait? Nous avons vu mieux encore nous avons vu une crèche installée au deuxième étage d'une maison de la rue d'Estrées. Les trois vaches qui la composaient y avaient été hissées dès leur plus bas âge et n'en devaient descendre qu'à l'état de catégories.

Ces quelques lignes de description mettront nos lecteurs à même de se rendre compte du degré de solitude qui peut régner à neuf heures du soir dans un semblable faubourg.

Quelques héros mutilés, attardés par de bachiques camaraderies, regagnaient seuls d'un pas incertain le dôme fameux, destiné à abriter leur gloire et leur innocente intempérance.

Le coupé que nous avons montré débouchant sur le boulevard des Invalides s'arrêta au coin de l'avenue de Tourville.

Le cabriolet qui suivait le coupé, et qui, au mépris de tous les règlements de police, avait éteint sa lanterne, s'arrêta également.

Si le boulevard des Invalides est le plus désert des bou-

vards, l'avenue de Tourville est certainement la moins fré-
quentée des avenues.

Une dame descendit du coupé ; elle était voilée et enveloppée d'une pelisse.

Descendu tout aussi lestement du cabriolet, un monsieur
s'attacha aux pas de cette dame.

Mais, avant qu'il eût eu le temps de la rejoindre, elle disparut comme par enchantement dans un mur qui, du côté gauche,
bordait le boulevard.

— Je fais un mauvais rêve ! murmura le monsieur, en qui
nous prions nos lecteurs de bien vouloir être assez complai-
sants pour reconnaître Philippe Beyle.

Il examina de près le mur et finit par y trouver une petite
porte.

— C'est cela, dit-il entre ses dents : la porte des romans, la
vieille porte des mélodrames !

Philippe essaya d'ouvrir, puis de faire céder cette porte,
mais le bois et la serrure en étaient solides.

— A quel corps de bâtiment correspond cette entrée ?

Telle fut la question qu'il se posa, dès qu'il fut rendu plus
calme par l'impossibilité de sa tentative.

Alors Philippe entreprit de longer le boulevard et de se
rendre un compte exact des localités.

Voici quel fut, après un circuit d'un quart d'heure, le résultat de ses observations :

Il y avait là une agglomération d'hôtels séparés entre eux
par des jardins. Ce pâté, d'aristocratique apparence, était borné
au nord par l'extrémité de la rue de Babylone, qui ressemble
assez à l'extrémité du monde ; à l'est par la rue de Monsieur ;
au sud par la rue Plumet, et enfin à l'ouest par le boulevard
des Invalides.

De tous côtés, comme on le voit, la solitude, l'espace, le
silence.

Revenu à son point de départ, Philippe se livrait à ses per-
plexités, lorsqu'il vit se dessiner dans le lointain une nouvelle
silhouette de femme.

Il se rejeta sous la double allée d'arbres qui font, jour et nuit,
une ombre épaisse au boulevard.

Cette silhouette passa devant lui et disparut par la petite porte.

Elle n'avait ni frappé ni sonné.

— Diable ! se dit Philippe, il doit y avoir un mot d'ordre ou un secret. Le mot d'ordre, il me paraît difficile de l'entendre ; mais le secret, je puis le découvrir. Approchons...

Un léger bruit le fit se retourner.

C'était une troisième ombre qui s'avançait ; mais celle-ci aperçut Philippe, car elle s'arrêta et parut hésiter ; puis, faisant brusquement volte-face, elle se dirigea vers la rue de Babylone, où une autre porte de jardin la reçut avec la même discrétion, avec le même mystère.

— Est-ce un couvent ? se demanda Philippe.

L'instant d'après, on eût dit qu'une trentaine de personnes s'étaient concertées pour pénétrer successivement dans les différents hôtels groupés sur ce point.

Particularité bizarre ! ce n'étaient que des femmes.

A un certain moment, Philippe aperçut une espèce de mendiante brisée par l'âge, tout haillons et tout rides, qui se traînait.

Un météore d'élégance, de jeunesse et de beauté, une de ces filles d'Ève qui savent rendre leur toilette de ville aussi effrontément attrayante qu'un négligé d'alcôve, rejoignit la pauvresse et échangea avec elle quelques mots à voix basse.

— Vous êtes fatiguée, appuyez-vous sur mon bras, dit-elle en élevant un peu la voix.

Toutes deux s'engouffrèrent à leur tour dans la petite porte du mur.

Philippe avait été sur le point de trahir sa présence.

— Si c'est là un couvent, murmura-t-il, qu'est-ce que peut y venir faire Pandore ?

Son étonnement était au comble.

Mais il était écrit que ce soir-là Philippe devait passer par tous les degrés de l'imprévu et du fantastique.

# CHAPITRE XI

## Dans un arbre.

Philippe était adossé à un arbre [au tronc épais et aux rameaux gigantesques, un arbre évidemment oublié par la civilisation.

Tout à coup il entendit au-dessus de sa tête comme un bruit de branches cassées; quelques feuilles tombèrent sur ses épaules et à ses pieds.

Il leva les yeux et ne vit rien.

— Ce n'est pas le vent, dit-il; l'air est calme.

Le même bruit se reproduisit; cette fois, Philippe distingua un mouvement dans l'arbre.

Aussitôt, une voix, prévenant son inquiétude et devançant son interrogation, laissa tomber (c'est le mot) ce mystérieux monosyllabe :

— Chut !

— Comment, chut? interrompit Philippe en se révoltant sous cet ordre invisible.

— Regardez et taisez-vous! dit la voix.

Philippe obéit malgré lui.

Il aperçut une autre femme, rasant le mur du boulevard des Invalides.

— Cinquante-quatre ! dit la voix de l'arbre.

— Vous les comptez donc?

— Depuis une heure.

— Qui êtes-vous ? demanda Philippe.

— Comment! vous ne m'avez pas reconnu?

— A cette hauteur ? et par la nuit qu'il fait?

— Vous ne devinez pas ?

Les branches recommencèrent à craquer d'une façon qui inspira des craintes à Philippe.

Il recula de quelques pas.

— Cherchez bien, monsieur Boyle, continua la voix.

— Vous me connaissez ? dit Philippe de plus en plus surpris.

— Parbleu !

— Descendez, alors.

— Soit; mais auparavant assurez-vous qu'il ne vienne personne.

— Personne, non, il n'y a personne! dit Philippe, impatient de voir les traits de ce témoin.

— En êtes-vous bien certain?

— Oui, descendez.

— Plus bas, donc!

Une masse agita les rameaux, glissa et arriva jusqu'à terre.

Philippe s'approcha vivement.

— M. Blanchard ! s'écria-t-il.

— Mais taisez-vous donc, encore une fois! dit celui-ci en lui saisissant le bras; il n'est pas prudent de parler si haut dans ce quartier.

— C'était vous !

— Eh ! qui vouliez-vous donc que ce fût ?

— Vous ici ?

— Il n'y a rien d'étonnant à cela, puisque je vous y rencontre.

— Moi, c'est bien différent.

— Comment ?

Philippe comprit qu'il venait de dire une imprudence.

Quelles que fussent ses relations avec M. Blanchard, il éprouvait une répugnance naturelle à prononcer les paroles suivantes, qui eussent d'ailleurs parfaitement résumé sa situation :

« Je suis à la recherche de ma femme, qui vient d'entrer, seule, à neuf heures du soir, dans un jardin d'une maison du boulevard des Invalides. »

Ce sont de ces choses qu'on ne se dit qu'à soi-même, selon l'observation judicieuse de Brid'Oison.

Heureusement que M. Blanchard, très-préoccupé pour sa part, n'avait pas fait grande attention à cette parole de Philippe.

— Vous ne comptiez donc plus sur moi ? reprit-il.

— Pourquoi cela, monsieur Blanchard ?

— Puisque vous venez faire vos affaires ici.

— Mais... je...

— Au fait, trois semaines se sont passées depuis notre dernière entrevue : vous avez pu croire que j'avais oublié ma mission ou que je n'avais pas réussi auprès de Guédéonoff. Rassurez-vous.

Ce nom éclaira Philippe.

— Guédéonoff est gagné à notre cause, reprit M. Blanchard ; grâce à mes dithyrambes, il ne jure plus que par la Marianna ; ajoutez à cela que précisément l'empereur lui demande une cantatrice ; tout est donc pour le mieux.

— Pour le mieux, oui.

— Il ne s'agit que de mettre la main sur Marianna ; mais la Marianna se méfie sans doute. L'avez-vous vue entrer ce soir ?

— Non, répondit Philippe rendu attentif.

— Elle aura passé par la rue Plumet ou par la rue de Monsieur.

— Vous croyez ?

— Elle n'entre jamais deux fois de suite par la même porte, affirma M. Blanchard.

— Elle vient donc souvent ici ?

— Deux fois par semaine, comme les autres.

— Comme les autres ! répéta Philippe en réprimant un mouvement ; quelles autres ?

— Vous les avez bien vues : des femmes de toutes les conditions, des grandes dames, des ouvrières, des lorettes. Il y en a qui arrivent à pied, d'autres que leur équipage attend à quelque distance. Vous avez pu rencontrer de ces voitures, ou même de simples remises, arrêtées dans les rues voisines.

— Non, balbutia Philippe, je n'ai rien remarqué.

— Rien du tout?

— Je vous assure...

— C'est incroyable! Quel pitoyable espion vous feriez!

— Je suis de votre avis. Mais, dites-moi, monsieur Blanchard, n'avez-vous jamais vu **aucun** homme escorter ces femmes?

— Aucun, mon cher monsieur.

— C'est étrange, murmura M. Philippe Beyle.

— Ah çà! vous ne savez donc rien!

— Peu de chose.

— C'est peut-être la première fois que vous venez ici?

— La première fois, vous l'avez dit.

— Alors, je comprends votre stupéfaction : je l'ai éprouvée.

— Vous y venez donc souvent, vous, monsieur Blanchard?

— Tous les jours.

— Et vous êtes sur la voie de quelque mystère? dit vivement Philippe.

— Parbleu!

Philippe essaya de contraindre son émotion.

Mais quel abîme de pensées s'ouvrait devant lui : deux fois par semaine, en cet endroit se réunissaient Amélie, Marianna, Pandore, la marquise de Pressigny!

A quelle œuvre inexprimable pouvaient s'adonner des femmes si divisées de haine, d'intérêts et de rang?

C'était à douter de sa raison et de ses yeux.

— Ainsi, monsieur Blanchard, vous venez chaque soir dans ce faubourg? reprit Philippe d'une voix saccadée.

— Le matin aussi.

— Le matin!

— Et quelquefois dans la journée.

— Vous avez cette patience?

— Cela ne m'ennuie pas; au contraire. Les découvertes que

j'ai faites m'intéressent considérablement, et celles que je ne puis manquer de faire me promettent une source d'émotions toutes nouvelles.

— Des découvertes! vous avez interrogé les gens du quartier?

— D'abord naïvement, niaisement. Les uns n'ont rien compris à ce que je leur demandais, les autres m'ont regardé de travers et renvoyé à la préfecture de police.

— Vous n'avez pas suivi ce conseil, au moins? dit Philippe Beyle, frémissant à l'idée d'une dénonciation capable de compromettre son nom et celui de sa femme.

— C'eût été trop vite fini, répondit M. Blanchard; lorsque je cours les aventures, je me garde bien de me faire accompagner par un commissaire. Ensuite, à quel titre, sous quel prétexte aurais-je été déranger la justice? De quel grief avais-je à me plaindre? Quel dommage me faisaient ces personnes, entrant plus ou moins mystérieusement dans un logis?

— Aucun, évidemment.

— Une telle démarche eût donc été maladroite à coup sûr, dangereuse peut-être.

— Je le crois; qu'avez-vous fait?

— J'ai réfléchi.

— Bien entendu; mais après?

— Je me suis piqué au jeu.

— Voyons!

— Mon but, qui n'était d'abord, comme vous savez, que de retrouver Marianna et de connaître sa retraite, mon but s'est modifié, ou plutôt s'est agrandi. Le spectacle nocturne dont j'ai été témoin a excité ma curiosité. J'ai entrevu des mondes, et j'ai voulu les découvrir.

— Très-bien!

— Premièrement, il me fallut lever le plan de ce bloc de maisons enfermées dans une seule enceinte. Mais où établir mon poste d'observation? Rue de Babylone, c'est impossible, à cause des murailles du Sacré-Cœur; impossible également rue Plumet, occupée par l'école des Frères. Restaient la rue de Monsieur et le boulevard.

— Vous allâtes rue de Monsieur?

— Oui ; j'y louai une mansarde dans l'une des maisons les plus élevées d'en face, et, armé d'un grand nombre d'instruments d'optique, je commençai mes études.

— Ah !

— Elles furent fort incomplètes, car mes regards ne pouvaient embrasser que des échappées. Les arbres et de grands murs tapissés de lierre, semblables à de gigantesques cloisons, me dérobaient le reste. Nonobstant, j'acquis la conviction que toutes ces habitations communiquaient entre elles; je vis aller de l'une à l'autre les mêmes personnes : entrées par la rue de Monsieur, elles sortaient indifféremment par le boulevard ou par la rue Plumet. Avez-vous remarqué la foule de petites portes qui criblent ce carré? Il y en a plus de trente [1].

— Continuez, monsieur Blanchard.

— Maîtres et domestiques, ce ne sont que des femmes. En fait d'hommes, je n'ai vu entrer que des fournisseurs et des ouvriers. D'ailleurs, rien de frappant dans le mouvement intérieur : c'est celui de toutes les grandes maisons de Paris. Seu-

[1] Il importe peut-être de constater que, depuis l'époque où se passe notre action, et principalement depuis la révolution de 1848, la physionomie de cet endroit de Paris a, sinon tout à fait, du moins considérablement changé. La plupart de ces hôtels sont transformés aujourd'hui en communautés religieuses. C'est ainsi que les Bénédictines, autrefois les *Dames du Temple*, sont venues s'installer dans la rue de Monsieur, où elles ont fait élever une élégante chapelle. A côté, le Collège Arménien de S<sup>t</sup>-Moorat; l'entrée est publique aux jours de cérémonie. Nous y avons vu les types les plus purs et les plus beaux de la grande race arménienne. Sur le terrain de la rue de Babylone qu'on bouleverse actuellement, il n'y a pas longtemps que quelques pauvres prêtres slaves s'étaient installés ; ils occupaient un ancien *Institut populaire* fort nu, fort délabré. Pour attirer les croyants, lors des principales fêtes catholiques, ils accrochaient à leur porte un écriteau où il n'y avait que ces simples paroles : *Venite adoremus.* Le reste du temps, la porte de l'église était fermée. Ces bons Polonais sont dispersés à présent.

Les jardins, principalement ceux de l'ancien hôtel connu sous le nom d'hôtel Adamson, ont été rognés, abattus ; c'est dommage, car ils étaient très beaux. Deux petites portes ont été bouchées, mais on en distingue encore la trace. L'aspect n'est demeuré le même que du côté du boulevard et de la rue Plumet, aujourd'hui rue Oudinot.     (*Note de l'Auteur.*)

lement, la nuit venue, il y fait noir comme dans un four, et je ne sais où se réfugient alors toutes les lumières.

— Au centre de la place, sans doute.

— Je le suppose. Mais je serais resté dix ans à ma fenêtre de la rue de Monsieur que je n'en aurais pas surpris davantage.

— Vous redescendîtes?

— Je redescendis, décidé à pénétrer dans cet archipel de pierre de taille et de feuillage.

— C'est là que je vous attends.

Ceux de nos lecteurs qui seraient tentés de s'étonner d'un entretien aussi librement poursuivi en plein air, nous les inviterons à se rendre en personne, à neuf heures du soir, sur le boulevard des Invalides; ils y acquerront la conviction qu'il n'est guère d'endroit où l'on soit plus à l'aise pour causer de ses affaires, et même des affaires publiques. Nous prierons en outre ces mêmes lecteurs de vouloir bien considérer que ce dialogue avait lieu il y a quinze ans, et qu'il y a quinze ans le boulevard des Invalides était encore moins fréquenté que de nos jours, ce qui le rendait tout à fait propre aux scènes du genre de celle dont nous nous sommes fait l'historien.

Fier d'exciter à un si haut point l'intérêt de son auditeur, M. Blanchard s'arrêta, se caressa le menton et parut hésiter.

— Voyons! dit Philippe, dont le système nerveux était développé outre mesure.

— A ma place, comment auriez-vous procédé? demanda M. Blanchard.

— De grâce...

— Non; je suis curieux de connaître quelle eût été votre conduite.

— Je n'en sais rien.

— Convenez qu'il fallait déployer une imagination à la Mascarille, une souplesse à la Sbrigani; qu'il fallait fourber comme un valet de l'ancien répertoire, avoir l'œil au guet, l'oreille au vent, le pied alerte et la bourse d'Almaviva dans la main de Figaro!

— D'accord.

— C'était mon premier début, et je vous serai obligé de vouloir en prendre acte, monsieur Beyle.

Philippe Beyle ne répondit pas.

M. Blanchard avait épuisé toutes ses coquetteries de narrateur. Il reprit :

— Je n'employai d'abord que les ruses ordinaires. Je choisis pour commencer la maison qui est précisément vis-à-vis de nous : elle me parut la plus modeste et la plus accessible. J'y frappai. Une concierge m'ouvrit, et m'examinant de haut en bas, elle me demanda ce que je voulais. Avant de lui répondre, il me sembla conforme aux droits de la politesse de placer mes indiscrétions sous la protection d'une pièce de vingt francs. La portière grommela, prit ma pièce, la regarda et rentra dans sa loge.

— Sans vous remercier ?

— Sans mot dire. Surpris de ce procédé, j'allais essayer d'une timide protestation, lorsqu'elle reparut apportant quatre pièces de cent sous qu'elle me mit dans la main, en proférant ces paroles mémorables : « Une autre fois adressez-vous ailleurs : il y a un changeur dans la rue du Bac. » Et elle me ferma la porte sur le dos.

— C'était mal commencer.

— J'en conviens : mais pensant que la race des concierges n'était pas généralement modelée sur ce type en bronze, j'allai sonner un peu plus loin, à cet hôtel orné de colonnes, coquet, mais défendu par une grille en fer de lance. Cette fois, ce furent des chiens qui me répondirent.

— Des chiens ?

— De véritables molosses en chair et en... crocs, accourus d'un chenil où leur vigilance est sans doute entretenue par une nourriture insuffisante. Je battis en retraite. Sur divers autres points, je ne fus pas plus heureux. J'eus beau me faire passer pour un employé du cadastre, pour un raccommodeur de porcelaines, pour un inspecteur de télégraphe électrique, bah ! on ne m'écoutait que d'une oreille et l'on me répondait à l'avenant. Cela me charmait.

— Comment ! cela vous charmait ?

— Infiniment. C'était pour moi une comédie d'intrigue, un imbroglio espagnol; je recommençais Lope de Vega, Beaumarchais, la *Précaution inutile*; je changeais d'habits et de dialectes, je faisais le siége en règle de la maison de Rosine.

— Oui, mais vous restiez à la porte.

— Écoutez donc, je n'en étais qu'au premier acte, dit M. Blanchard.

— Enfin, vous imaginâtes quelque chose?

— J'avais fini par remarquer un jardinier aussi occupé d'arroser son gosier que ses fleurs. Ce jardinier venait chaque matin et s'en retournait chaque soir, car son sexe le faisait tomber sous l'ostracisme commun. Il demeurait à Grenelle, mais son domicile était chez un marchand de vin de la rue de la Comète. Mon rôle était tout tracé dans le répertoire de l'Opéra-Comique. Je n'avais qu'à consulter *les Visitandines*, emploi des Juliet, première basse comique, les grimes au besoin.

— Vous liâtes connaissance avec cet homme?

— Un soir, je le suivis et j'entrai au cabaret avec lui. J'avais eu soin de me composer un extérieur qui ne lui imposât pas : une blouse et un chapeau de paille. Mon jardinier accepta une bouteille et riposta par un litre, qui ne furent que le prélude d'une série de libations qui nous égalèrent bientôt aux Suisses les plus renommés, aux Templiers et aux trous.

— Diable! dit Philippe.

— Je le grisai, mais je ne sus rien. Le drôle était bouché comme un flacon de Château-Margaux. Il était doux, indifférent et craintif; l'espèce humaine ne se représentait à ses yeux que composée de jardiniers et de buveurs. Sa naïveté me fit comprendre la confiance dont il était l'objet dans la cité féminine, où il allait et venait sans qu'on le regardât, sans qu'on lui parlât. On lui eût pris sa montre, qu'il eût cru bonnement que c'était pour la mettre en terre comme un ognon de tulipe. Plus beau, ce rustre eût entièrement réalisé le type de Mazet de Lamporecchio.

— Après?

— Quand nous sortîmes du cabaret, mon jardinier était hors

d'état de distinguer une scabieuse d'un potiron. Moi-même, je dois l'avouer...

— Avouez, monsieur Blanchard.

— Je ne me rendais pas un compte satisfaisant des dimensions de la rue de la Comète; heureusement j'étais protégé par mon idée fixe. Je m'empressai d'aller confier le lourdaud à mon valet de chambre, à qui je recommandai de le tenir sous clé pendant quarante-huit heures.

— Je vous devine.

— Le lendemain au point du jour, exactement vêtu comme lui, chargé, en outre, d'un faisceau d'arbrisseaux qui cachaient une partie de mon visage et m'obligeaient à me tenir courbé, je franchissais les portes du mystérieux séjour.

— Est-il possible, monsieur Blanchard ? s'écria Philippe ; quoi ! vous êtes entré là-dedans...

— J'y suis entré.

— Et vous ne me l'avez pas dit plus tôt !

— La narration a ses lois. Mes principaux effets eussent été perdus.

— Oh ! vous vous faites un jeu de mon anxiété.

— Patience, patience, dit tranquillement M. Blanchard.

— Mais alors, puisque vous êtes entré, vous avez vu...

— Personne, pour commencer.

— Personne !

— Peu de chose ensuite.

— C'est impossible !

— Ah çà ! vous ne me croyez donc pas ?

— Ce n'est pas ce que je veux dire, excusez-moi. Mais après tant de soins et de traverses, quel mince résultat !

— N'importe, j'étais dans la place. Ah ! monsieur Beyle, quel moment délicieux, quelle joie souveraine ! Si je ne m'écriai pas : *Merci, mon Dieu !* comme dans les pièces du boulevard, c'est que l'idée ne m'en vint pas, car ce cri m'eût soulagé. J'étais dans la place. O triomphe ! Qu'il est bon de respirer cet air encore tout chargé des odeurs du danger et du souvenir des obstacles ! Je ne marchais pas, je rasais la terre, je glissais sous les arbres comme une vapeur ; je n'étais plus un jardi-

nier, j'étais un sylphe. Dès ce moment, je formai une résolution
je fis un serment solennel.

— Quel serment ?

— Je jurai d'aller **en Turquie.**

— C'est facile. Mais dans quel but?

— Eh ! peut-il y en avoir désormais d'autre pour moi que
celui de pénétrer dans le sérail, de m'introduire dans les jardins
de Sa Hautesse ; de déjouer la surveillance des icoglans, des
bostandjis, des eunuques? J'irai en Turquie, monsieur Beyle,
je vous en réponds !

— A votre aise, repartit Philippe, peu touché par cet enthousiasme; mais, jusque-là, ne soyez pas ingrat envers ce
pauvre boulevard des Invalides, qui vous donne aujourd'hui un
avant-goût si piquant des intrigues orientales... Reprenez votre
récit au point où vous l'avez laissé.

M. Blanchard reprit :

— Le pas que j'avais fait était immense, mais il ne m'avançait guère. Je ne pouvais aborder le corps de logis sans risquer
d'être reconnu, et par suite chassé. En conséquence, je dus
me résoudre exclusivement à prendre une connaissance parfaite
des jardins et à me ménager les moyens d'y revenir à la nuit,
car je voyais bien que c'était seulement à la nuit que le drame
s'agitait.

— Parfaitement conçu.

— Je fis discrètement le tour des murs, examinant les endroits mal défendus, notant les pièges, et j'arrêtai définitivement mon attention aux alentours de cette petite porte.

— De celle-ci ?

— Oui. La muraille y est plus dégradée que partout ailleurs
et offre plus de point d'appui pour l'escalade ; le sommet en
est moins garni de tessons et de pointes de fer ; en outre, une
des grosses branches de cet orme, sur lequel vous m'avez vu
perché tout à l'heure, s'incline complaisamment vers le jardin,
comme un pont lancé dans l'espace, et semble solliciter l'observateur aérien.

— Alors votre dessein ?

— Mon dessein... mais vous le verrez bientôt. Laissez-moi continuer mon récit.

— Je n'en perds pas une syllabe.

— Assez embarrassé de l'emploi de mon temps jusqu'au soir, je me décidai à ratisser consciencieusement les allées. Cette occupation m'amena à remarquer une foule de petits pas, des pas de femme incontestablement, qui émaillaient le sable à certaines distances ; une nuée de brodequins mignons s'y était abattue la veille, une armée de bottines avait passé par ces chemins.

— De tels indices contrastent étrangement avec la solitude apparente de ces habitations, murmura Philippe Beyle.

— Ce fut la réflexion que je fis aussi, et je me mis à rechercher et à suivre la trace de ces pas. Ils partaient de divers points, particulièrement des petites portes que vous savez, et ils se rejoignaient tous dans une allée commune, d'où ils se dirigeaient d'un unanime accord vers une serre.

— Une serre ?

— Oui, adossée au bâtiment qui doit porter le n° 4, dans la rue Plumet.

— Cette serre est le point de réunion !

— Ou du moins elle y conduit ; voilà qui n'est pas douteux, dit M. Blanchard.

— Avez-vous essayé d'y entrer ?

— Elle était fermée. Le diamant que je porte d'habitude au doigt m'eût été d'un grand secours dans cette circonstance : il m'aurait servi à détacher une glace ; mais je m'en étais dessaisi par excès de fidélité dans mon déguisement. D'ailleurs, il n'était pas prudent de m'aventurer en plein jour si près des maisons ; je le compris, et je remis la suite de mon examen à ce soir.

— A ce soir, dites-vous ?

— Oui. Cela se passait ce matin.

— Vous voulez retourner là ce soir ? s'écria Philippe.

— Avant dix minutes.

Philippe se tut.

Il avait la fièvre.

— Mais, reprit-il, pourquoi n'y êtes-vous pas resté pendan'
que vous y étiez ? N'était-ce pas beaucoup plus simple ?

M. Blanchard haussa les épaules.

— C'est cela ! pour qu'on me cherche partout, pour qu'on
donne l'alarme, pour que douze ou quinze concierges, femmes
de chambre et cuisinières se mettent à mes trousses ! Perdre
ainsi tout le fruit de mon travestissement pour n'en garder que
le ridicule ! Non, non ! Je suis sorti au crépuscule, comme
j'étais entré, par la grande porte, en murmurant même quelques paroles de bonsoir.

— Et maintenant ?

— Maintenant, je vous l'ai dit. La serre doit être pleine,
c'est le moment d'aller y coller les yeux. J'allais descendre
sur la fameuse branche quand je vous ai aperçu et reconnu ; je
n'ai pu résister au désir de causer avec vous. Vous m'avez un
peu retardé, c'est vrai, mais je ne vous en veux pas. L'occasion est on ne peut plus propice ; l'assemblée est au grand complet : cinquante-quatre femmes !

— Cinquante-quatre !

— Si cachées qu'elles soient, je les défie bien d'échapper
entièrement à mes investigations. Cinquante-quatre femmes,
cela s'entend, si cela ne se voit pas. Et si elles se réunissent,
c'est pour parler, je suppose. Adieu !

— Vous êtes décidé ? dit Philippe.

— Belle demande !

— Prenez garde !

— Garde à quoi ? à qui ? *Je connais les êtres*, dit M. Blanchard en riant.

— Mais... si l'on vous surprend, par exemple ?

— Eh bien ?

— On peut vous faire arrêter comme malfaiteur.

— Non.

— Cette présomption...

— Est parfaitement justifiée, croyez-m'en. Ce matin, lorsque
je m'introduisais par le même stratagème dans un logement
particulier... et habité, comme dit la loi, je courais des dangers réels. Mais ce soir, c'est autre chose ; je suis le maître de
la situation.

— Je ne vois pas cela.

— C'est bien naturel pourtant. Le jour, je me cache, on me surprend ; j'ai tout à craindre, en effet. La nuit, c'est le contraire : la nuit, on se cache, et c'est moi qui surprends ; j'ai le beau rôle. Voyez-vous, à présent ?

— Pas trop.

— Imaginez qu'il y ait un secret.

— Eh bien ?

— Eh bien ! on achètera mon silence, dit M. Blanchard.

— Ne vous y fiez pas.

— Que peut-on faire de plus ? nous sommes au dix-neuvième siècle.

— Mais nous sommes aussi au boulevard des Invalides.

— Et puis... des femmes !

— Oui, des femmes ! répéta Philippe avec un accent où perçaient l'amertume et la rancune.

— Monsieur Beyle, il faut que je me hâte.

— Vous partez ?

— Tout de suite.

— Seul ?

M. Blanchard regarda Philippe avec surprise.

— Est-ce que par hasard vous auriez l'intention de m'accompagner ?

— Mais...

— Répondez.

— Eh bien ! quand ce serait mon intention, monsieur Blanchard ?

— C'est qu'alors les choses changeraient singulièrement de face.

— Que voulez-vous dire ?

— Je me verrais dans la douloureuse nécessité de m'opposer, par tous les moyens, à l'accomplissement de votre projet.

— Oh ! oh ! monsieur Blanchard !

— C'est comme j'ai l'honneur de vous l'affirmer.

— Et pourquoi vous opposeriez-vous à mon projet ? demanda Philippe stupéfait.

— Vous ne comprenez pas pourquoi ?

— Non.

— Vous ne comprenez pas qu'ayant, depuis des jours, des nuits, des semaines, couru seul tous les périls, passé seul toutes les inquiétudes, usé seul toutes les combinaisons, vous ne comprenez pas pourquoi je veux recueillir seul le bénéfice de mes entreprises et de ma témérité ? Au moment de toucher le but, vous voulez que j'aille m'adjoindre un compagnon ? Pourquoi faire ? pour me regarder et me suivre ? Ce n'est pas la peine.

— Je ne voudrais que partager vos dangers.

— Non pas ! non pas !

— Cependant...

— Monsieur Beyle, ne m'obligez pas de vous dire que ce serait mal reconnaître les peines que je me suis données pour vous.

— Je sais tout ce que je dois à votre dévouement.

— Soyez raisonnable, alors ; ne m'enlevez pas la gloire de mes découvertes ; ne vous faites pas mon Améric Vespuce.

Philippe demeurait indécis.

Ce n'était pas l'éloquence de M. Blanchard qui le touchait ; M. Blanchard ne l'occupait que secondairement.

Ce qui intéressait Philippe avant tout, c'était le soin de son honneur conjugal, c'était le souci de son repos.

Devait-il poursuivre sa femme jusqu'au bout, c'est-à-dire jusque dans cette enceinte particulière ?

Était-il bien certain, en donnant ainsi le spectacle public de sa jalousie, de ne pas rencontrer le ridicule sur son passage ?

Le ridicule ! Ce mot devait arrêter Philippe Beyle, en effet. Le ridicule était peut-être derrière cette muraille, le guettant, lui croyant guetter, et prêt à le couvrir de confusion au premier pas.

Dans ce cas, mieux valait rebrousser chemin.

Mais, cette résolution prise, une autre considération se présentait à son esprit, aussi grave, aussi embarrassante.

Jusqu'à quel point devait-il permettre que M. Blanchard vî
re que lui, Philippe, ne voulait ou n'osait pas voir ? N'était-i.

pas de sa dignité d'époux d'empêcher que M. Blanchard pût se trouver face à face avec Amélie ? Pourquoi diriger ce témoin vers un scandale appréhendé ?

Pourtant, sans M. Blanchard, sans ce confident que le hasard met dans sa route, Philippe ne saura rien ; il restera plus que jamais plongé dans la nuit des soupçons accumulés et épaissis autour de lui. Que faire ? que ne pas faire ?

Dans ce carrefour de l'incertitude, Philippe demeurait immobile.

Il résolut de laisser agir la Providence.

— Partez donc, dit-il à M. Blanchard en soupirant, partez, Haroun-al-Raschid, qui ne voulez pas de Giafar.

— A la bonne heure !

— Que tous mes vœux vous accompagnent !

— Merci.

M. Blanchard se disposait à l'escalade.

— Un mot encore, lui dit Philippe Beyle.

— Le dernier ?

— Le dernier.

— Voyons, et hâtez-vous.

— Eh bien ! un pressentiment me dit que vous allez assister à des choses bizarres.

— J'y compte bien.

— Importantes, peut-être.

— Qui sait ?

— Quelles qu'elles soient, donnez-moi votre parole d'homme d'honneur que vous ne les révélerez à personne avant de me les avoir révélées, à moi.

— C'est infiniment trop juste.

— Votre parole, monsieur Blanchard ?

— Je vous la donne, répondit celui-ci, frappé de l'insistance et de l'accent de cette dernière recommandation.

Les deux hommes échangèrent une poignée de main.

— Est-ce tout ce que vous avez à me dire ? demanda M. Blanchard.

— C'est tout.

— Adieu donc, mon cher monsieur Beyle.

— Adieu, et bonne chance !

M. Blanchard s'aida des anfractuosités du mur pour le franchir.

Il disparut.

Philippe Beyle resta pendant quelques instants encore sur le boulevard des Invalides, prêtant l'oreille et ne distinguant aucun son, regardant et ne voyant que l'ombre des arbres, découpée par les jets vacillants d'un bec de gaz lointain.

# CHAPITRE XII.

## Mari et femme.

Le premier soin de Philippe Beyle, en rentrant chez lui, fut d'appeler son valet de chambre Jean, et de lui donner des ordres qui confondirent au dernier point l'intelligence de ce serviteur.

Amélie n'était pas encore rentrée.

Philippe entendit sonner tour à tour onze heures, onze heures un quart et onze heures et demie.

A onze heures et demie, Jean entr'ouvrit discrètement la porte du salon où Philippe Beyle se promenait avec une agitation qu'il ne cherchait plus à dissimuler.

— Ah! c'est vous, Jean! dit-il, sans suspendre sa marche.

— Oui, monsieur.

— Avez-vous exécuté mes ordres?

— Oui, monsieur.

— C'est bien. Tenez-vous prêt; je vous sonnerai.

Au même instant, un roulement de voiture retentit dans la

6

cour, et, deux minutes après, Amélie se trouvait en face de Philippe.

Elle se présenta à lui avec ce luxe de prévenances et de caresses qu'une femme ne manque jamais de déployer au retour de toute excursion un peu suspecte.

Mais ces démonstrations s'en vinrent échouer contre la froideur de Philippe.

D'un geste il la repoussa doucement, et il lui dit d'une voix qu'il s'efforça d'affermir :

— D'où venez-vous, Amélie?

Cette demande était bien simple, bien naturelle, et néanmoins Amélie se sentit perdue.

Elle regarda Philippe avec terreur.

Celui-ci répéta sa question.

— Mon ami, balbutia-t-elle, je viens de chez...

— Ne mentez pas, dit-il froidement.

— Philippe!

— Vous venez du boulevard des Invalides.

Amélie tomba sur un divan.

— J'en viens aussi, moi, ajouta-t-il.

— Vous m'avez suivie? murmura-t-elle.

— J'ai eu ce mauvais goût.

Elle baissa la tête et sembla attendre son arrêt.

Philippe reprit le premier :

— Dites-moi le motif de ce voyage à l'extrémité de Paris, Amélie?

— Hélas! c'est un secret qui ne m'appartient pas.

— Vous avez eu tort de vous créer une obligation en dehors de vos devoirs d'épouse; mais le mari peut délier les serments de la femme. Parlez, je vous y autorise.

Elle se tut.

— Vous venez d'un endroit où votre présence était au moins étrange, parmi des femmes dont le nom seul est une flétrissure, et à côté desquelles vous n'eussiez jamais dû vous rencontrer. Cette fois, vous ne trouverez pas déraisonnable, comme l'autre jour, que je vous interroge. J'ai bien pesé ma situation : elle me fait un devoir de vous demander la vérité.

— Je vous le répète, Philippe, ce secret n'est pas le mien.

Le visage de Philippe Beyle subit une contraction douloureuse. Amélie s'en aperçut.

— Philippe, reprit-elle avec un accent de tendresse infinie, il est impossible que vous n'ayez pas en moi une confiance pleine et entière. Vous savez si je vous aime ; au nom de cet amour, qui est et sera le bonheur de toute ma vie, je vous supplie de ne pas insister. Vous ne pouvez pas douter de mon honnêteté : que cela vous suffise.

— La pensée qu'il y a dans un coin de votre cœur une ombre impénétrable pour moi, cette pensée détruit ma tranquillité autant qu'elle offense mon juste orgueil.

— Votre orgueil, en effet, murmura-t-elle.

— Le nôtre, Amélie. Je suis votre protecteur unique, votre conseil absolu, votre guide responsable. Quels que soient les engagements que vous ayez pu prendre, mon autorité les rend nuls ; vos scrupules peuvent se regarder comme à l'abri sous ma volonté.

— Encore une fois, Philippe, votre honneur n'est pas en cause.

— Je l'ignore.

— Croyez-moi !

— La confiance, pour les esprits de ma trempe, ne naît que de la certitude.

— Votre réponse est cruelle.

— Pas autant que votre hésitation.

— Je suis la fille de M<sup>me</sup> d'Ingrande, je suis votre femme. Votre nom sera toujours dignement porté.

— La fille de M<sup>me</sup> d'Ingrande soit. Mais si vous ne m'appartenez pas entière, vous ne m'appartenez pas du tout.

— Oh ! Philippe !

— Vos velléités d'indépendance me créent une position que je ne puis accepter. Le mari fort fait la femme respectée. Il faut que je sois fort. Je veux tout savoir, Amélie.

— Même au prix d'une horrible trahison ?

— Vous ne trahissez personne en me confiant un secret qui m'appartient de droit, tandis que vous trahissez la foi conjugale en me dérobant ce secret.

— Mais, ma conscience ?

— Elle ne doit être que le reflet de la mienne.

— O mon Dieu ! s'écria Amélie avec une sorte d'épouvante, inspirée par l'argumentation énergique dans laquelle elle se voyait progressivement enfermée.

— Eh bien ? dit Philippe après un moment de silence et en venant s'asseoir auprès d'elle.

Amélie leva les yeux sur lui.

Il essaya de sourire.

— On dirait que je vous fais peur, dit-il ; vous avez tort de prendre l'alarme à propos d'une simple conversation. Donnez-moi votre main.

La main tremblante d'Amélie se posa dans la main brûlante de Philippe.

— Je suis votre ami avant d'être votre époux, lui dit-il.

— Je le sais, Philippe, murmura-t-elle.

— Je suis aussi un homme de mon temps, de mon époque. Je ne me mets pas en colère. Mon opinion est que toutes les difficultés, quelles qu'elles soient, peuvent se résoudre avec des mots bien calculés, bien pensés. Ce doit être aussi votre opinion, mon amie. Discutons donc, ou, si vous n'aimez pas ce vilain mot de discussion, causons ; causons et cherchons les moyens de terminer à l'amiable notre différend. A l'amiable, entendez-vous ? Cela est fait pour vous rassurer : cela veut dire que je suis prêt aux concessions que vous exigerez... non, que vous désirerez. Allons, Amélie, faites un pas de votre côté. Vous voyez que vous n'avez pas affaire à un tyran domestique, que je ne ressemble pas à un mari de théâtre ; mes cheveux ne sont pas hérissés, je ne boutonne et ne déboutonne pas alternativement mon habit avec des mouvements convulsifs. Je souffre, mais je sais encore sourire.

L'effroi qu'elle ressentait n'empêchait pas Amélie d'écouter Philippe avec charme.

Il continua.

— Vous ne me connaissez peut-être pas entièrement ; vous êtes unie à un homme que des sensations neuves ont renouvelé, à un homme qui s'est fait désormais un devoir de la franchise, de la voie régulière, de l'abnégation ; qui vous a

livré sa vie en vous disant : « Je serai ce que vous me ferez. »
Mais je n'ai agi de la sorte qu'à la condition d'un avenir nouveau, d'une existence nouvelle. Du moment que vous me faites
rentrer dans le cercle de mes anciennes impressions, que vous
rapportez dans mon ménage les soucis du célibataire, les
anxiétés, les jalousies, je redeviens ce que j'étais avant de vous
avoir connue, je retrouve au fond de mon cœur mes cruautés
en même temps que mes souffrances.

Il se leva.

— Laissez-moi être toujours bon, Amélie, poursuivit Philippe ; ne me faites pas repasser par les chemins d'autrefois,
par les chemins mauvais. J'ai lieu de craindre que vous ne
soyez abusée par des influences coupables, c'est pourquoi j'in-
siste de tout le poids de ma prudence. Vos qualités, vos vertus
sont grandes, mais l'expérience vous fait défaut. Je considère
votre jeunesse, et je serais un fou de vous laisser votre libre
arbitre. Réfléchissez bien, chère enfant, je ne veux qu'assurer
la paix de notre avenir. Or, ma curiosité n'est pas une curiosité puérile, puisque votre résistance est si grande. Vous tremblez, vous pleurez, j'en dois conclure que ce que vous me ca-
chez est grave...

— Oh ! oui, murmura-t-elle à demi-voix.

— Alors, comment voulez-vous que je puisse consentir à
l'ignorer ? Vous invoquez votre loyauté, vous faites un appel à
mes sentiments généreux. Très-bien. Je suppose que je renonce à vous questionner, que j'accepte complaisamment le
bandeau que vous m'offrez : ce soir, ému par vos larmes,
touché par vos protestations, je parviendrai peut-être à chasser
cet épisode importun ; mais demain, mais après-demain, croyez-
vous que ce souvenir ne reviendra pas m'obséder ? Et lorsque
je vous verrai sortir ou rentrer, ordonnerai-je facilement à
mon inquiétude ? Il faudra me taire, cependant, car je l'aurai
promis. Voyez, dès lors, Amélie, quelle sera notre existence ;
comprenez quelle gêne présidera à nos causeries, et dites-moi
si l'un et l'autre nous pouvons accepter des rôles semblables.

— Philippe, que voulez-vous que je réponde ? Tout ce que
vous dites est vrai, est sage ; mais une fatalité pèse sur moi. Je
dois me taire.

— Vous taire? répéta-t-il.

— Je l'ai promis, je l'ai juré.

— A qui ?

Elle ne répondit pas.

Philippe, les yeux étincelants, reprit :

— Les personnes qui vous ont fait croire à votre liberté absolue ont attenté à mon pouvoir. Les fourbes qui ont asserv votre conscience ont oublié qu'elle était sous ma sauvegarde. Vous n'avez que deux maîtres : Dieu et moi.

— Philippe, je vous en conjure!

— Ces personnes, quelles sont-elles?

— De grâce, écoutez-moi. Vous êtes mon maître, c'est vrai, un maître que j'adore et pour qui je donnerais ma vie avec joie, car je ne vis que par vous désormais. Pourquoi voulez-vous m'avilir en me forçant à trahir un serment que j'ai fait librement et que je garde sans remords? De même que j'aime en vous la volonté, l'intelligence, aimez en moi la droiture et la dignité. Au lieu de vouloir m'abaisser à mes propres yeux, placez-moi haut dans votre estime, si haut que le soupçon et le doute ne puissent y atteindre. Je suis votre femme, ne me faites pas votre esclave.

Philippe sembla ébranlé.

— Vous me diriez de croire ce que vous voudriez, reprit-elle avec élan, je le croirais, moi. Mon amour est donc supérieur au vôtre !

— Amélie, dit Philippe après un moment de réflexion, je vais faire pour vous le plus grand sacrifice qu'un mari puisse faire à sa femme : celui de sa tranquillité. Gardez votre secret, puisque vous vous croyez si puissamment engagée par lui ; gardez-le, et qu'il ait la première place dans votre âme. Je ne m'y oppose plus.—Mais ce secret n'est pas éternel, il ne peut pas l'être. J'admets que vous ne me le révéliez pas aujourd'hui; quand me le révélerez-vous ?

Elle avait entrevu une lueur d'espérance; cette lueur s'évanouit aussitôt.

— Prenez le temps que vous voudrez, continua Philippe Beyle; si long qu'il soit, j'attendrai sans murmure. Peut-on s'exécuter de meilleure grâce? répondez, mon amie.

— Philippe...

— Fixez un délai, quel qu'il soit, je ne vous en demande pas davantage ; mais, ce délai expiré, songez que vous devrez tout me dire.

Amélie se recueillit ; c'était pour rassembler ses forces, pour faire un appel désespéré à son courage.

— Jamais ! murmura-t-elle d'une voix à peine intelligible.

— Quoi ! pas même dans deux ans... dans dix ans ?

— Non.

Philippe jeta sur elle le premier regard qui ne fût pas un regard d'amour.

Et frappant le tapis du talon de sa botte :

— La lutte, toujours la lutte ! s'écria-t-il ! oh ! quelle destinée est la mienne !

Il étendit la main vers un cordon de sonnette qu'il agita.

Jean parut.

— Monsieur a sonné ?

— Les chevaux de poste sont-ils prêts ?

— Oui, monsieur.

— Vous vous disposerez à partir avec moi, Jean.

— Bientôt ?

— Dans une heure.

— Je suis au service de monsieur, répondit le valet de chambre.

— Allez !

Jean sortit.

Amélie avait suivi cette scène et entendu ce dialogue, d'un air effaré.

— Des chevaux de poste ? dit-elle ; partir ? vous voulez partir Philippe ?

— Dans une heure, dit Philippe Bèyle.

— C'est impossible ! c'est pour me torturer que vous imaginez ce départ.

— Au contraire : c'est pour vous mettre en possession immédiate de cette liberté que vous chérissez par-dessus tout.

— Ma liberté ? dit-elle avec effroi.

— Dans une heure, vous n'aurez plus à redouter cette sollicitude qui a failli devenir du despotisme.

Il se dirigea vers la porte du salon.

Elle s'élança vers lui en poussant un cri déchirant.

— Philippe, où allez-vous?

— Je pars.

— Vous ne m'aimez donc plus? s'écria-t-elle.

— C'est à vous que je serais en droit d'adresser cette question...

— Vous ne pouvez me quitter de la sorte!

— Il dépend de vous que je reste.

— De moi! dit-elle en levant les yeux au ciel.

— Ce secret!

— Vous me mépriseriez après que je vous l'aurais dit.

— Alors, adieu!

Sa main n'avait pas quitté la porte.

Amélie se posa devant lui.

— En m'abandonnant, dit-elle, vous êtes coupable envers vos devoirs : vous me devez protection.

— Vous me devez confiance.

— Vous trahissez la foi jurée!

— Notre lien établit une communauté absolue de sentiments et de pensées ; qui de vous ou de moi a rompu ce lien?

— Vous ne partirez pas! ce n'est pas vrai!

— Vous savez bien que si! répondit Philippe Beyle, redevenu l'homme impassible et froid des anciens jours.

Elle le regarda et tressaillit.

— Il partirait, oui, il partirait! murmura-t-elle en se parlant à elle-même.

Alors elle se décida.

— Philippe, ce secret vous concerne.

— Ah! dit-il avec un soupir d'allégement.

— Ce secret vous concerne plus que moi. Si je le trahis, vous êtes perdu.

Il sourit dédaigneusement.

— Je vous dis que vous êtes perdu, continua Amélie; et n'en doutez pas! Vous avez trop appris l'assurance, Philippe; dans le bonheur, vous avez oublié vos ennemis.

— Des ennemis?

— Les haines mal écrasées sont les plus terribles.

— Que voulez-vous dire? s'écria Philippe, qui pâlit tout à
à coup.

— Je veux dire que vous seriez imprudent d'exiger une révélation qui vous exposerait à tous les dangers.

— Des dangers? allons donc! répondit-il en sentant se sou-
lever son orgueil.

— Oh! je sais que vous êtes brave; mais il est des circonstances où la bravoure ne sert à rien. On ne pare pas des coups
portés par des bras invisibles.

Philippe se sentit inquiet; plus d'une fois il avait été frappé
par ces ennemis invisibles dont Amélie lui parlait en ce moment. Ce souvenir fit passer un nom dans son esprit, et ce
nom amena un éclair de colère dans ses yeux.

Il dit à Amélie :

— On a cherché à égarer votre imagination, je le vois. On
a été trop loin. Parmi les menaces qui se font dans le monde,
si la moitié seulement se réalisait, si la moitié des vengeances
annoncées s'accomplissait, le monde n'aurait pas un siècle à
vivre. Quels que soient mes ennemis, Amélie, il m'est possible,
sinon de les vaincre, au moins de détourner leurs coups. On
a spéculé sur votre ignorance des mœurs et de la législation. On
a éveillé en vous ce que j'appellerai les superstitions du cœur.
Cessez de croire aux périls suspendus sur ma tête, ou du moins
ramenez-les aux proportions ordinaires de la vie; les exagérer
serait me faire injure, ce serait reconnaître la réalité et l'importance de mes torts dans le passé. Vous ne le pouvez pas,
Amélie, vous ne le devez pas!

Pendant qu'il s'exprimait ainsi, elle le regardait avec surprise
et avec douleur.

— Je ne crois rien, lui dit-elle, je ne reconnais rien; je vous
aime. Mais on m'a fait voir, et j'ai vu. On m'a fait voir votre
perte résolue, votre ruine, votre mort. Il dépendait de moi de
vous sauver; pour cela on ne me demandait qu'un serment. Je
l'ai fait de grand cœur.

— Et, selon vous, mon salut dépend de votre fidélité à ce
serment? dit Philippe.

— Oui.

— Erreur! si les dangers qui m'entourent sont sérieux, vous

devez me les faire connaître. Nous serons mieux à deux pour les conjurer.

— Vous vous trompez, vous dis-je.

— Une dernière fois, Amélie, voulez-vous parler ou vous taire ?

— Parler, c'est appeler sur vous le malheur.

— Vous taire, c'est ordonner mon départ.

Amélie, épuisée par ce débat, alla retomber dans un fauteuil.

— Vous usez envers moi de violence morale, dit-elle à mots entrecoupés ; je succomberai, je le sens. Mais laissez-moi vous exposer les résultats de la faute que vous vous obstinez impitoyablement à me faire commettre. Vous aurez été le seul coupable, nous serons deux victimes.

— Je n'en crois rien, dit Philippe.

— Vouloir que je parle, c'est vouloir que je meure.

— Folie !

— Grâce pour moi et pour vous ! dit-elle en joignant les mains.

— Amélie ! le temps se passe ; j'ai quelques préparatifs à faire. Je vous écrirai.

Il avait ouvert la porte.

Amélie ne fit qu'un bond et qu'un cri :

— Ah ! ne t'en va pas !

Et elle l'entoura de ses bras, et elle le couvrit de ses sanglots.

— Laissez-moi ! murmura-t-il en portant la main à son cœur, comme pour l'empêcher de se briser.

— Philippe !

— Non ! dit-il en la repoussant.

— Eh bien ! tu sauras tout... et je mourrai !

# CHAPITRE XIII

## Une réception.

Instituée franc-maçonne par le testament de M^me Baliveau, Amélie jouissait de toutes les prérogatives attachées à ce titre, bien qu'elle n'eût pas encore été reçue en assemblée générale.

Le jour de sa réception venait d'être définitivement fixé.

Une réception dans la Franc-Maçonnerie des femmes est toujours une cérémonie importante.

Celle-ci devait avoir lieu un matin.

Aussi la cité des Invalides se trouva-t-elle envahie de bonne heure. Les portes de la rue Plumet, de la rue de Monsieur, de la rue de Babylone et du boulevard ne faisaient que s'ouvrir et se refermer sous l'imperceptible pression de petits doigts féminins.

A l'intérieur, où le mouvement était concentré, des robes effleuraient les parterres, des chapeaux palpitaient sous les branches. Après avoir décrit un chemin plus ou moins sinueux, selon son point d'arrivée, chaque femme entrait dans cette serre qui a été signalée dans nos précédents chapitres.

Cette serre était une sorte de salle des pas-perdus, ou plutôt l'antichambre supérieure de la salle des séances de la Franc-Maçonnerie des Femmes.

Au fond d'un bosquet s'ouvrait une porte habilement dissimulée par un treillage bordé de fleurs grimpantes. Un escalier descendait dans une salle immense et voûtée, divisée à peu près comme une salle de spectacle, et ornée avec une splendeur bizarre, emblématique.

C'était là.

Plus de quatre-vingts femmes se trouvaient alors rassemblées sur des gradins.

Mais, en ce moment, la séance, ou, pour nous servir de l'expression technique, la Loge n'était pas encore ouverte.

Elles avaient donc la liberté d'aller et de venir, de causer entre elles à voix basse.

C'était un spectacle mystérieux et fait pour impressionner.

La décoration n'avait rien qui la distinguât particulièrement de la maçonnerie Adonhiramite.

La salle était tendue de rouge cramoisi. Le côté droit se nommait l'Afrique, le côté gauche l'Amérique, l'entrée l'Europe, le fond l'Asie. Dans l'Asie, qui représentait le berceau de la franc-maçonnerie, un dais rouge, orné de franges d'or, s'arrondissait au-dessus d'un trône soutenu par des colonnes torses, et où devait s'asseoir la grande-maîtresse.

Devant ce trône, il y avait un autel orné de quatre figures peintes, avec les noms au-dessous : Vérité, Liberté, Foi et Zèle.

Cinq trépieds brûlaient autour de ces figures.

Sur l'autel, on remarquait une petite auge dans laquelle trempait une truelle d'argent.

Le plafond représentait un vaste arc-en-ciel.

Un grand nombre d'inscriptions et d'allégories tapissaient cette salle, éclairée de distance en distance par des lampes symboliques qui ne jetaient qu'une lueur modérée.

Dans ce clair-obscur s'agitaient une foule de femmes, dont le costume, la physionomie, l'accent et les manières contrastaient d'une façon saisissante. Toutes semblaient pénétrées d'un accord et d'un respect mutuels. Il y avait quelques étrangères, entre autres une Suédoise, de passage à Paris. Plusieurs grandes dames avaient traversé la France et quitté leurs châteaux pour venir assister à la réception d'Amélie; c'étaient les mêmes qu'on remarquait dans l'église de la Madeleine, le jour de son mariage.

Le reste de l'assemblée se recrutait sur le grand théâtre parisien, et quelque peu aussi dans ses coulisses. On eût vainement cherché une condition sociale qui n'eût pas là sa représentante. Les forces de la Franc-Maçonnerie des femmes étaient au complet : forces du salon, forces de la rue, forces avouées et forces occultes. A un moment donné, sur un signal convenu, toutes ces forces étaient mises en jeu ; toutes ces grâces, tous ces esprits, toutes ces élégances, toutes ces relations, toutes ces vertus, toutes ces roueries, toutes ces fortunes fonctionnaient avec la régularité d'une machine ; elles travaillaient alors à un but commun, envieuses de justifier leur devise: TOUTES POUR UNE, UNE POUR TOUTES.

C'était là qu'il eût fallu venir chercher la clé de tant d'énigmes, le secret de tant de réputations, le mot de tant de fortunes, la source de tant d'aumônes aussi. Que de choses mises sur le compte du hasard, que d'événements acceptés comme venant du ciel, et que la Franc-Maçonnerie des femmes pourrait aisément revendiquer !

Les voici toutes, formant une chaîne autour de la société, les belles et les laides, les infimes et les illustres : marchandes à la toilette, dont les cartons savent la statistique de tous les boudoirs enrichis et de tous les ménages ruinés ; institutrices au cachet, ayant leurs petites entrées dans la famille, connaissant l'heure des mariages, le chiffre des dots, interrogeant le cœur des héritières, et, au besoin, faisant les demandes et les réponses ; gouvernantes à l'affût des testaments ; femmes de journalistes taillant les plumes de leurs maris, taillant aussi leurs idées, les premières à recueillir les nouvelles, les premières quelquefois à les souffler ; demoiselles de comptoir n'ayant qu'une oreille tendue aux madrigaux, et réservant l'autre aux intérêts de l'association ; ouvrières pour qui les ateliers et les faubourgs n'ont pas de secrets ; tout un monde enfin, hardi, dévoué, multiple!

7

Les voici toutes ! Quelques-unes d'entre elles méritent un portrait particulier, soit à cause de leur situation exceptionnelle, soit pour les services qu'elles ont rendus ou qu'on leur a rendus. La nature, souvent inouïe, prodigieuse de ces services, démontrera, mieux qu'une simple affirmation, l'étendue et la diversité des ramifications de la Franc-Maçonnerie des femmes. C'est une chaudière de drames et de comédies que nous allons renverser, avec la prodigalité d'un homme qui en garde plus qu'il n'en répand, qui en tait plus qu'il n'en raconte. Dans ce musée, reflet de toutes les écoles et de tous les genres, il se pourra que le grotesque coudoie quelquefois le terrible, que les figures naïves avoisinent les profils raffinés ; si quelques tons criards s'y font jour, on se rappellera qu'ils éclatent sur une toile inusitée. On s'étonnera moins de l'étrangeté de quelques-unes de ces monographies, en songeant que la plupart de ces caractères subissent le joug d'une volonté collective ; que ces existences ne s'appartiennent jamais entièrement, et que, dans cette société ténébreuse, les circonstances, les événements s'ordonnent et se préparent comme se préparent les substances dans les laboratoires.

Prenons d'abord cette humble fille, qui a l'air sauvage et presque effarouché. Elle est enfermée jusqu'au menton dans une robe grise ; elle a de gros gants et de gros souliers. C'est LUCILE-GENEVIÈVE CONNUT, la servante d'un des plus vénérables curés d'une paroisse de la banlieue. Pour assister aux réunions du boulevard des Invalides, elle est obligée d'accomplir chaque fois des prodiges de combinaisons et de prétextes. Lorsque la convocation est indiquée pour le soir, c'est alors que son embarras est doublé. Son curé a pour habitude de se mettre au lit fort tard, parce qu'il dort après le déjeuner de midi.

Afin que Geneviève puisse s'absenter du presbytère, il est nécessaire, il est indispensable que son respectable maître devance l'heure de son coucher. Pour obtenir ce résultat, Geneviève doit empêcher la sieste de l'après-midi ; le diable seul sait ce qu'il en coûte, à cette pauvre servante, de vacarmes faits à dessein, de sonnettes agitées, de petits mensonges et de grosses supercheries. Tantôt c'est une pécheresse qu'elle amène presque par force au confessionnal ; tantôt c'est un malade à toute extrémité qu'elle imagine, — et le bon curé de déranger en soupirant l'oreiller sur lequel il commençait à reposer sa tête, de revêtir son surplis ou de demander son chapeau pour courir à l'extrémité de la commune. Qu'au retour il gronde Geneviève pour ses étourderies et ses bévues, peu importe ! ce soir-là, il se couchera à neuf heures, et Geneviève ira au rendez-vous de la Franc-Maçonnerie des femmes.

Soixante-deux ans, voûtée, le nez fiché dans la figure à la façon de ces morceaux de bois en angle droit qu'on enfonce dans les jouets de style primitif, la prunelle roulant perpétuellement dans l'orbite, la peau rougie, les lèvres minces, plus de cheveux, quelque chose comme un oiseau de proie, une nuance entre l'ensevelisseuse et le vautour, voilà cette grande femme — vue de face — qu'on appelle la VEUVE BRINOIS, et de la poche de laquelle vient de tomber un jeu de cartes. C'est une des plaies de l'association, une des hontes. Elle jouerait partout, elle jouerait presque sur l'autel. Pour elle, le monde, la famille ne datent que de l'invention des tarots ; la langue française ne sert qu'à annoncer le roi, la dame et le valet de carreau. Le sort l'avait unie à un mari avare, un luthier ; le sort l'en a débarrassée, en lui épargnant une grave reddition de comptes. Feu Brinois avait la coutume d'enterrer son argent, M$^{me}$ Brinois avait la manie de le déterrer ; feu Brinois mettait ses bénéfices dans des tirelires qui sonnaient toujours le vide ; il apportait ses économies à des coffres-forts qui avaient une entrée et une sortie. Un jour, feu Brinois s'aperçut qu'il avait placé sa fortune dans le tonneau des Danaïdes ; ce jour-là, il mourut. Sa femme fit sonder les murs, éventrer les paillasses, démolir les manteaux de cheminées, découdre les fauteuils, casser les bambous en deux, dévisser les pieds de table, ouvrir les livres feuillet à feuillet, et quand elle eut mis la main sur l'argent que le luthier avait caché partout, elle alla jouer dans ses repaires ordinaires.

M<sup>me</sup> Brinois a fermé le magasin de son mari, mais elle n'a pas eu le temps de vendre son fonds. Quand l'argent vient à lui manquer, elle a recours aux Stradivarius, aux Guarnerius, aux Amati, et pour peu qu'elle n'en trouve pas un prix raisonnable, elle les expose comme enjeux. On l'a vue arriver au tripot avec un ophicléide sous le bras ; dès que *la main lui venait*, en termes de lansquenet, elle posait gravement le mélodieux tuyau de cuivre sur le tapis, en disant : « Il y a un ophicléide ! » du même ton qu'elle aurait dit : « Il y a un louis. »

On devine que la veuve Brinois est plus onéreuse qu'utile à ses sœurs de l'association. Ses demandes d'argent sont incessantes ; et souvent, pendant les séances, elle a poussé le cynisme jusqu'à chercher à organiser des *banquo* clandestins. Elle mourra dans l'impénitence finale et méritera d'être enterrée sous un chandelier de maison de jeu.

ÉLISABETH FERRAND, mariée au célèbre procureur général Ferrand, est une des puissances de la Franc-Maçonnerie des femmes. Elle est belle, elle est gracieuse, elle est spirituelle. Habile à conduire les hautes intrigues jusqu'au sein de la magistrature, elle excelle dans l'art d'influencer et même de transformer les convictions. C'est dans son salon, un des plus charmants et des plus sérieux de Paris, que la Franc-Maçonnerie tend à la justice ses filets roses, ses lacs de gaze. Du grave et irréprochable Ferrand elle a fait, sans qu'il s'en doutât, le plus ferme appui d'une société secrète, contre laquelle il serait le premier à invoquer l'application de la loi s'il en soupçonnait seulement l'existence.

———————

A quelque distance de M^me Ferrand, sur les gradins supérieurs, s'agite ou plutôt se trémousse une négresse vêtue à la mode parisienne. C'est Élisa, dite Ébène ; elle était encore, il y a trois ans, dans une sucrerie de la Martinique ; aujourd'hui, elle est marquise ; son maître, M. de Champ-Lagarde, l'a épousée. Voici dans quelles circonstances et à quelle occasion cet étrange hymen s'est accompli.

Raoul de Champ-Lagarde était de haute et vieille noblesse ; il avait des frères investis des premières charges à la cour, des premiers grades à l'armée, des plus hautes dignités dans l'église. Ses trois sœurs devaient tôt ou tard contracter des alliances illustres. Par une exception que ses vices précoces lui avaient d'ailleurs méritée, Raoul, dès sa jeunesse, se vit relégué dans les colonies, sous le prétexte d'administrer des propriétés considérables. De même que l'on place les poudrières à l'écart des villes, de même on envoie quelquefois au delà des mers la noblesse trop prématurément corrompue.

La rancune de Raoul contre sa famille, devait dater de cet exil. Il acheva de se dépraver à la Martinique, où il compromit ses biens et devint un fléau pour les indigènes. Brave comme une épée, sanguinaire comme le maréchal de Retz, goguenard et laid à donner le frisson, il se fit une renommée de tyranneau qui retentit jusqu'en Europe, à Paris, et jusque dans le cabinet du roi des Français. Ce fut Raoul qui, le premier, osa publier dans un journal cet avis.

« M. le marquis de Champ-Lagarde prévient le public que ses heures de combat sont changées depuis le 15 courant. Voici le nouvel ordre qu'il a adopté : le matin, de neuf à onze heures pour le pistolet; le soir, de deux à cinq pour l'arme blanche. On trouvera chez lui des témoins. »

Comment l'argent vint à manquer à ce redouté satrape, c'est ce qu'on devinera. Après avoir épuisé toutes ses ressources et levé des contributions souvent forcées sur les colons, il s'adressa à sa famille, à ses frères et à ses oncles, qui lui répondirent sèchement :

— Vivez dans le désordre, si cela vous plaît, mais oubliez que vous avez des parents.

Raoul de Champ-Lagarde prépara une vengeance formidable et simple. Il jeta les yeux autour de lui et épousa la négresse Élisa, dite *Ébène*, originaire des côtes de Guinée.

Ébène avait seize ans alors.

Si cette esclave affranchie put naïvement se croire épousée par amour, son erreur ne fut pas de longue durée. Au retour de la cérémonie nuptiale, Raoul, décrochant un magnifique fouet à manche incrusté d'argent, lui dit :

— Je ne veux pas d'héritiers.

Cet arrêt laconique eût peut-être semblé brutal à une Française : mais cette Africaine, accoutumée aux mauvais traitements, n'y répondit que par un sourire de modestie.

Elle se croyait belle, car bien souvent la pétulance tropicale de ses charmes avait désespéré de noirs admirateurs. Elle se sentait vaguement une intelligence, et elle conçut le projet de s'élever jusqu'à la hauteur de son incroyable fortune.

Dès le lendemain de ce mariage, le marquis et la marquise de Champ-Lagarde s'embarquèrent pour la France : ils se rendirent à Paris. Raoul savait qu'un de ses frères, orgueilleux représentant de la tradition légitimiste, recevait, une fois par semaine, toutes les fidélités fleurdelisées et tous les dévouements en culotte courte du faubourg Saint-Germain. Il voulut, en compagnie d'Ébène, tomber comme une injure au milieu de cette aristocratie qui l'avait sévèrement repoussé.

Annoncés par un huissier balbutiant et plein de stupeur, Raoul et sa noire épouse firent inopinément leur entrée dans le monde parisien. Le scandale fut immense. La figure bilieuse et méchamment souriante du marquis tranchait sur un costume du meilleur goût, et qu'il portait, malgré sa laideur, avec une distinction innée. A son bras, Ébène promenait des regards ravis. Elle avait une robe de satin blanc, au-dessus de laquelle sa tête vive apparaissait comme une taupe dans la neige. Un collier de graines rouges serrait son cou d'un modelé pur et puissant. Elle avait toutes les peines du monde à s'empêcher de faire la révérence aux femmes et de sourire aux hommes. Bagues, bracelets, pendants d'oreilles, broches, agrafes, tout cela courait et brillait sur cette peau comme des étincelles sur un papier brûlé. Il semblait qu'on eût vidé sur elle désordonnément une boutique de bijouterie. Ils avançaient ainsi tous deux, paraissant attendre les félicitations et ne recueillant que la stupeur. Les invités se repliaient en silence devant cette tempête qui marchait. On cherchait des issues. Il y eut quelques jeunes personnes qui s'évanouirent.

Dès le lendemain, ils louèrent un hôtel dans l'avenue d'Antin; chaque jour on les voyait sortir en calèche; chaque soir, aux places les plus découvertes de l'Opéra, ou même des théâtres de boulevard, ils s'offraient de bonne grâce en pâture à l'attention publique, qui, reconnaissante envers eux, leur organisa bientôt une véritable popularité.

La vengeance du marquis de Champ-Lagarde eut les résultats qu'il en avait attendus. Maudit par sa famille qu'il avait vouée au ridicule, anathématisé par la noblesse entière, il trouva un refuge chez les abolitionistes des États-Unis et de l'Angleterre, qui ne voulurent voir dans son mariage qu'un éclatant hommage rendu à leurs principes. En conséquence, de tous les coins du monde s'élevèrent au profit de ce couple disparate des témoignages de sympathie qui reconstituèrent de nouveau le crédit de Raoul. Plus tard, les Champ-Lagarde eux-mêmes, amenés à composition et réunis par une crainte commune, lui firent proposer une rente secrète de cent mille francs, à la condition qu'il ne perpétuerait pas sa vengeance par couleur de progéniture.

Peu à peu, voici ce qui est arrivé : le marquis Raoul s'est rangé; l'âge et le changement de milieu ont éteint ses vices.

Alors, il a rougi de sa femme, il a cherché à se débarrasser d'elle, à l'éloigner ; mais il n'était plus temps. Une contre-vengeance dirigée sur le marquis lui-même, par une de ses anciennes maîtresses au lit de mort, avait placé Ébène sous la protection de la Franc-Maçonnerie des femmes.

Ébène est restée à Paris ; elle a voulu connaître ses droits et en user ; on lui a donné des maîtres et des couturières ; elle s'est habituée au monde, et, chose plus malaisée, mais rendue possible par le crédit de ses nouvelles sœurs, le monde a fini par s'habituer à elle. Quelques salons l'ont admise déjà dans le huis-clos des réunions intimes, comme une originalité, une fantaisie, comme la sœur d'*Ourika* ; bientôt il sera de mode de la voir dans tous les bals, nous en faisons le pari.

Lorsque le marquis de Champ-Lagarde, confondu et désespéré par cette métamorphose inattendue, parle de la renvoyer à la Martinique, elle va chercher dans sa bibliothèque particulière un livre aux tranches tricolores, dont elle fait une étude approfondie depuis trois ans. Il n'y a pas longtemps que, furieux de cette résistance, le marquis a essayé de revenir à ses anciennes traditions de colon ; mais alors, c'est Ébène qui a décroché le fouet au manche incrusté d'argent.

***

Celle-ci, qui est assise, le coude au genou et le menton dans la main, les yeux égarés, et comme indifférente à ce qui se passe autour d'elle, celle-ci a fait plus que de tuer un homme, elle a tué une gloire. LOUISE-RAIMONDE-EUGÉNIE D'EFFENVILLE, COMTESSE DARCET, poursuit une vengeance sans égale, et qui absorbe sa vie entière. C'est contre un peintre illustre qu'elle s'acharne depuis vingt ans bientôt. Cherchez une seule des toiles de René Levasseur, un seul de ses paysages admirables ; vous ne trouverez rien, absolument rien. D'où vient cela ? L'histoire vaut la peine qu'on la raconte.

René Levasseur est né grand peintre. Rien ne l'a empêché de devenir grand peintre : ni les ladreries des marchands de tableaux, ni le jury, ni les événements conjurés. Une simple toile a suffi, un rayon de soleil a paru une demi-heure seulement derrière la vitre d'un trafiquant de la rue Laffitte. Cette demi-heure écoulée, Levasseur était reconnu, adopté, classé parmi les maîtres. Voilà ce qu'il y a de beau et de magnifique dans les arts parisiens ! L'envie elle-même vous met une mitre sur le front.

Dès qu'il se vit sacré, René Levasseur, qui ne doutait pas de lui, mais qui doutait des autres, donna l'essor à ses hardiesses. Étant certain d'être aperçu, il se montra. Il exposa des miracles. Pauvre la veille, il se réveilla opulent ; on se disputa ses moindres ébauches. A peine exposés, ses tableaux étaient achetés à des prix fous ; le public n'avait que le temps de les apercevoir ; la critique, c'est-à-dire l'éloge, n'avait que le loisir de les enregistrer ; ensuite ils disparaissaient. Où allaient-ils ? Quelles galeries les possédaient ? Quels musées particuliers les livraient discrètement à l'enthousiasme des amateurs ? Personne ne le savait. L'acheteur était toujours un étranger, un négociant hollandais, un Brésilien ruisselant de milliards ou l'intendant d'un noble lord ; il ne marchandait pas, il couvrait d'or le chef-d'œuvre, mais avec cette condition jalouse, inévitable, qu'il ne serait pas reproduit par la gravure.

Pendant dix ans, Levasseur a souri à cette vogue, a caressé ce rêve éclos à l'ombre du palais des Beaux-Arts et de la Banque de France. Puis, un jour, il s'est réveillé en sursaut. L'inquiétude l'a gagné. Il a voulu savoir le sort de ses tableaux, rechercher leur trace dans le monde, en dresser le catalogue, se rendre compte enfin de son existence artistique. Il n'a trouvé que le néant. Les collections indiquées n'existaient pas, les cabinets avaient été dispersés. De même pour les particuliers : le négociant hollandais était aussi introuvable que la tulipe noire ; le Brésilien venait en ligne directe du pays des contes ; on avait abusé du grand nom du membre de la Chambre des communes. Frappé de ces circonstances, René Levasseur n'a plus voulu travailler que sur des commandes et pour le gouvernement.

Autres malheurs ! il a exécuté une œuvre destinée à orner

l'église de sa ville natale; au moment d'être accrochée au mur, la toile a été crevée à plusieurs places par la maladresse des ouvriers et détruite entièrement par la chute d'une cruche d'acide. Sa *Vue de Fontainebleau*, entreprise pour le compte de Louis-Philippe, a été roulée et oubliée pendant deux ans dans les greniers du Louvre; et lorsque, sur ses réclamations, on a voulu l'arracher à cet abandon inconcevable, elle avait disparu.

Levasseur a compris que la fatalité était sur lui; peu à peu il est devenu misanthrope : il s'est enfermé dans son atelier, il a fait alors de la peinture pour lui seul; en trois ans, il a signé trois pages rayonnantes, trois épopées de lumière à désespérer Troyon, Théodore Rousseau et Français. De toutes parts on est venu admirer ces prodigieuses compositions; de toutes parts on lui a adressé les offres les plus tentantes : il a tout refusé, pour s'absorber dans la contemplation de ses trois œuvres suprêmes, les seules qu'on connût de lui dans le monde !

Un soir, en rentrant, Levasseur a trouvé son atelier vide et cent mille francs à la place de ses trois tableaux. Il a failli en perdre la raison. On raconte que les cheveux du célèbre acteur Brizard blanchirent pendant le temps qu'il demeura suspendu à l'anneau en fer d'une pile de pont sur le Rhône, où il avait chaviré. René Levasseur a vu, lui aussi, blanchir ses cheveux. En outre, il lui est resté de cette commotion un tremblement nerveux qui l'empêchera désormais de peindre.

Les journaux se sont entretenus avec détail de ce vol d'une espèce nouvelle et audacieuse, qu'ils ont attribué au fanatisme d'un amateur princier; quelques initiales même ont circulé dans le monde des arts, mais nul ne s'est avisé de plaindre Levasseur : on l'a trouvé largement indemnisé. Quant aux trois tableaux, le chemin qu'ils avaient pris était sans doute le même que les autres. Impossible de se procurer là-dessus aucun renseignement.

Une seule personne aurait pu en donner, une personne que René avait autrefois foulée aux pieds, une jeune fille qu'il avait déshonorée, une femme qu'il avait insultée, une mère dont il avait repoussé l'enfant. C'était la comtesse Darcet.

Il y a quelques jours, René Levasseur a reçu une invitation pour aller voir une galerie de tableaux. Il s'y est rendu sans méfiance. On l'a introduit dans l'antichambre d'un salon fermé par un ample rideau. Là, à sa grande surprise, il s'est vu saisir par deux laquais et garrotter. Habitué aux manies des amateurs, il a cru que c'était une précaution applicable à tout le monde, la formalité de la maison. Il a compris et attendu. Le rideau s'est écarté ; Levasseur a poussé un cri de joie immense en se voyant en présence de toutes ses toiles ! toutes ! plus jeunes et plus éblouissantes que jamais, placées avec art, buvant le jour, souriant à leur auteur, radieux cortège, glorieux musée !

Ah ! jamais les maîtresses adorées que l'on revoit, jamais les douces figures de la famille se mettant tout à coup à revivre, jamais tous les bonheurs, toutes les fêtes n'approcheront de cette féerie auguste et foudroyante, frappant ainsi René Levasseur au milieu de son abattement. C'était bien là son œuvre réapparue et entière dans Paris ; rien n'y manquait, pas même la toile égarée du Louvre, ni les trois derniers tableaux volés ; tout était là, triomphalement exposé, et lui, il admirait naïvement ; il admirait avec des larmes, comme les vrais artistes ; il ne se savait pas tant de puissance et d'harmonie, il ne se rappelait plus avoir eu tant de feu et de jeunesse ; il se retrouvait et il était charmé.

Mais son triomphe fut tout à coup traversé par une pensée.

— Pourquoi m'a-t-on garrotté ? dit-il.

Il eut l'explication de cet acte étrange par l'apparition soudaine d'une femme en qui il reconnut avec terreur la comtesse Darcet. Elle n'avait rien de menaçant toutefois ; elle était vêtue avec simplicité. Au peintre, qui était devenu horriblement pâle, elle dit tranquillement en désignant les tableaux :

— Tout cela est à moi.

— A vous, Louise ! balbutia-t-il, saisi de crainte.

— Est-ce que cela t'étonne, René ? Je t'aimais tant, qu'après t'avoir perdu j'ai voulu avoir ta pensée, ton inspiration, le meilleur de toi. J'ai tout acheté, et ce que je n'ai pu acheter, je l'ai ravi. Ce que je n'ai pu ravir, je n'ai pas voulu que d'autres le possédassent : rappelle-toi la toile dégradée de l'église de Rouen. C'est aimer, cela, qu'en dis-tu? Comprends-tu les délices, les jouissances sauvages que j'éprouvais à aller arracher ces tableaux à la foule, dont j'étais jalouse? Et comme je les emportais dans ma solitude pour m'en enivrer! René Levasseur était tout entier ici, chez moi; sa renommée, je l'avais sous les yeux. Ah! j'ai passé des heures bien délicieuses et bien cruelles en tête-à-tête avec tes chefs-d'œuvre; j'ai pleuré et souri bien des fois devant ces fragments de ton âme, qui avaient un sens pour moi seule! Que de fois, honteuse de ma faiblesse, je me suis surprise à y déposer un baiser mystérieux! C'est alors que tu n'étais plus René le lâche, René le criminel; tu étais le grand peintre, et celui-là transfigurait tout autour de lui, même le passé plein de hontes; l'homme de génie effaçait l'homme d'infamie. Pendant de nombreuses années, j'ai vécu de la sorte avec toi et à ton insu, m'enorgueillissant et t'applaudissant. Oh! René, tu es grand, en effet, tu as de l'enthousiasme; contemple-toi fièrement devant ton œuvre; vois comme elle vit, vois comme elle éclate, comme elle déborde! Tout cela est l'œuvre d'un maître, — tout cela va périr!

René Levasseur n'a pas compris.

La tête ébranlée par ce spectacle inattendu, il a regardé la comtesse avec le vague sourire des enfants et des fous.

Alors la comtesse Darcet a pris une torche, et elle l'a silencieusement approchée des tableaux.

Un rugissement est sorti de la poitrine de Levasseur; tous ses liens se sont roidis sous l'effort de son buste; mais, en vain!

La flamme a gagné les tableaux.

— Dans quelques instants, il ne restera plus rien de toi, a dit la comtesse avec une joie épouvantable; ton œuvre sera consumée; ton nom s'en ira comme celui des comédiens: fumée d'abord, cendre ensuite, puis tradition et fable. Il y aura des gens qui ne croiront même pas à ton existence. Tiens! ce tableau qui brûle si vite, si vite, il t'a coûté huit mois, huit grands mois de tentatives, d'espoir, de découragement; ce fut un de tes meilleurs succès au Salon. Il n'existe plus maintenant.

— Louise, pitié ! cria le peintre.

— Non ! je me venge !

— Grâce pour celui-là ! là-bas ! Oh ! grâce !

— Pas plus celui-là que les autres.

Et elle attisa l'incendie.

— Eh bien ! tue-moi tout de suite, je t'en conjure.

— Insensé !

— Je ne puis supporter plus longtemps ce supplice ; laisse-moi partir ; je ne veux pas voir !

— C'est trop lent, n'est-ce pas ? cela brûle mal ; tu as raison.

La comtesse Darcet prit quelques toiles et les jeta dans la cheminée, où flambait un grand feu.

— Ah ! hurla Levasseur en fermant les yeux.

— René, dit-elle lentement, j'ai souffert plus que toi et plus longtemps, car je n'ai jamais oublié. Mes supplications d'autrefois ne t'ont pas touché, tes cris d'aujourd'hui ne m'attendriront pas. Torture pour torture. Pendant bien des années, je t'ai laissé à tes illusions, j'ai été bonne, tu vois ; rien ne t'a empêché de rêver avenir, postérité. Moi, je n'ai jamais eu de bonheurs semblables. Mon premier amour une fois anéanti, je n'en ai pas eu d'autre, et je suis descendue dans ma douleur comme dans une fosse, pour n'en plus sortir. C'est bien peu de chose, ma vengeance, va ! Je ne prends qu'un de tes jours pour me payer de ma vie entière.

Le peintre n'entendait plus.

Elle continua à jeter les tableaux au feu.

Quand ce fut le tour du dernier, elle se retourna : René s'était évanoui et avait roulé par terre...

On le rapporta chez lui.

René Levasseur habite à présent une maison de santé ; il y mourra fou.

Seule, toute seule, voici M<sup>lle</sup> PIQUARET, blonde fille, majeure, mince et longue, et dont les pieds seuls semblent toucher la terre. Une strophe de M. de Laprade n'est pas plus diaphane, une grisaille antique n'est pas plus silencieuse. Elle ne parle qu'à la condition de rêver, elle ne rêve qu'à la condition de dormir, car elle est somnambule et somnambule extra-lucide. Mais les oracles qu'elle rend dans son quartier sont presque toujours dictés par des voix et des intérêts maçonniques.

———

M<sup>me</sup> GUILLERMY est une épaisse bourgeoise de cinquante trois ans, amplement vêtue ou plutôt *couverte*, selon son expression. Sa figure, mélange d'importance et de bonté, rehaussée par de hauts cheveux gris bouffants, accuse une de ces commerçantes estimables, telles que le quartier des Bourdonnais en offre, assises derrière le grillage d'un comptoir et gravement inclinées soir et matin sur un registre aux angles de cuivre.

M<sup>me</sup> Guillermy est l'honneur de la Franc-Maçonnerie des femmes. Sa vie est un exemple de travail continuel, de maternité majestueuse et tendre. Elle ne s'est jamais servie de son pouvoir que pour pratiquer le bien, faire des mariages et empêcher quelques ruines; aussi sa parole un peu brève, son regard quelquefois sévère ne trompent-ils personne. De l'ancienne Arche-Pépin à la rue Saint-Honoré, en passant par le pays de la rue Saint-Denis, on la révère et on l'aime.

———

Faut-il la nommer celle-là, cette brune, cette audacieuse, dont la robe fait un bruit, dont les yeux dardent un feu?

Inutile : son nom est sur votre lèvre, sur votre sourire. C est
GEORGINA IV. Trois bourgeois vont demander ce que c'est que
Georgina IV. Oh ! les ignorants ! Est-il besoin de leur apprendre
que Georgina IV est née Héloïse Picard ? Méritent-ils de savoir
qu'une arrière-boutique de crémière, dans la rue de l'Échiquier,
a servi de berceau à cette amazone des temps modernes? Ils
n'ont donc jamais lu les feuilletons, ces trois bourgeois ? Ils
n'ont donc jamais été au théâtre, ces trois bourgeois? Ne leur
répondons pas; ils doivent avoir des neveux; laissons-les interroger ces neveux.

Ah ! trois bourgeois ! je ne vous souhaiterais pas de tomber
entre les griffes mignonnes et blanches de Georgina IV ! Vous
y laisseriez les dernières onces de ce précieux capital que vous
appelez votre bon sens. Vous vous croyez bien forts, trois
bourgeois ! vous vous croyez réglés comme des *papiers de
musique,* vous avez la conscience de vous conduire comme
*quelqu'un qui se respecte;* priez le ciel qu'il ne vous fasse pas
rencontrer Georgina IV. Elle vous en ferait voir de belles.

Il n'y a pas de famille pour elle, il n'y a pas de patrie, il n'y
a pas de terre, il n'y a pas de mer, il n'y a pas de lois, il n'y
a pas d'usages : il y a une proie et elle, elle et quelqu'un, le
premier venu pourvu qu'il soit riche. Vous, qui me lisez, oh !
ne hochez pas la tête : cette invasion des démons fardés dans
les intérieurs assoupis, dans les imaginations obtuses, dans les
existences sans occasions, cela n'a pas été assez décrit, ou
cela n'a pas été peint d'assez violentes couleurs.

Georgina IV a traversé la société comme une balle de pistolet traverse l'air, en déchirant, en sifflant, en tuant. Elle a
commencé par des commis, elle a fini par des potentats. Quel
terrible concert organiserait Berlioz avec toutes les porcelaines,
tous les miroirs, tous les flacons, tous les verres qu'elle a bri-
sés ! Donnez-lui un prix de vertu, elle vous rendra un forçat ;
confiez-lui M. Prud'homme, elle vous le métamorphosera en
Robert-Macaire. C'est la Circé actuelle, que personne n'a peinte
encore, et autour de laquelle Gavarni seul a timidement rôdé.

Georgina ou Héloïse Picard a été actrice, à ce qu'on dit, ou
plutôt à ce qu'elle dit. Le fait est qu'elle a paru devant un
public, qu'elle a parlé, qu'elle a chanté, qu'elle s'est fâchée,

qu'on lui a jeté des bouquets, qu'elle a été aux nues, que son directeur lui a fait un procès, que tout Paris n'a parlé que d'elle, que le siége de son appartement a été entrepris par tous les gens qui ne savent que faire de leurs cinquante ou de leurs cent mille francs de rente. C'en était assez. Ah! quelle femme! vertige, folie, esprit, passion, elle a tout. Son caprice, mobile comme une queue de poisson, la jette dans tous les travers, la pousse vers tous les voyages. Elle a épousé un mari; deux maris. Elle a soulevé une nation. Elle a fait courir à Chantilly et à Epsom; elle a porté son châle au mont-de-piété; on l'a vue demander le sergent Poumaroux à la caserne de l'Ave-Maria.

Ne vous y fiez pas, néanmoins, je vous le répète; ne raillez pas. Pour peu que cette femme vienne à pleurer ou à sourire, vous lui donnerez votre âme. Ce n'est pas qu'elle soit belle, non; mais elle s'empare de vous comme le soleil, sans même vous regarder; le moindre de ses mots vous étreint et supprime votre respiration. Qu'a-t-elle dit, cependant? Elle ne le sait plus.

Pourquoi Georgina IV? Ah! bah! soyons discret. Il faudra un grand homme de talent pour raconter cette femme. Attendons.

Une autre excentrique, c'est cette dame de quarante ans environ, et qu'on paraît éviter, bien qu'elle aille d'un banc à l'autre avec les airs pénétrés d'une solliciteuse. Elle s'appelle M^me FLACHAT, mais elle est née d'Argensolles, veuve en premières noces de M. Guilpin de Jouesne, et en secondes noces du baron Lenfant, ex-intendant de la liste civile. Un an après la perte du baron, elle s'est mariée en troisième noces à un de ses gens, natif d'Annecy en Savoie, Jean Flachat. De telles hontes sont moins fréquentes à Paris qu'au fond de la province et des campagnes, mais elles s'y produisent cependant, et elles y causent une pénible surprise.

L'histoire de M^me Flachat est le pendant de l'histoire de la marquise Ébène de Champ-Lagarde. Celle-ci, esclave, a épousé son maître ; celle-là, grande dame, n'a pas dédaigné d'élever jusqu'à elle son superbe chasseur. Mais une fois parvenu au sommet de l'échelle sociale, la tête a tourné à Jean Flachat. Autant il était respectueux et soumis lorsqu'il grimpait, en uniforme vert, derrière la voiture de M^me la baronne Lenfant, autant il est devenu intraitable et grossier à présent qu'il s'assoit à l'intérieur et qu'il étend ses bottes sur les coussins. Il se cachait autrefois pour avaler un verre d'alicante dérobé dans une armoire ; maintenant il affecte de ne se montrer qu'en état d'ivresse, et si sa femme hasarde quelques remontrances, il la frappe. Bas plagiaire du duc de Clarence, depuis qu'il a su que la baronne prenait des bains de lait, il a imaginé (chacun son goût!) de prendre des bains de tafia. Cela le fortifie, à ce qu'il prétend, et cependant on l'en retire chaque fois ivre-mort. L'infortunée qui a rivé à son existence cette chaîne déshonorante essaye actuellement de la rompre ; la Franc-Maçonnerie, fatiguée de lire les réclamations qu'elle lui adresse dans un but trop absolument personnel, lui a promis de prononcer sa séparation de corps et de biens. En attendant, Jean Flachat est scrupuleusement surveillé et impitoyablement conduit au poste, lorsque, titubant et embrasé de colère ou d'ivresse, il ose, une massue à la main, errer aux alentours de l'hôtel Lenfant.

Arrêtons-nous là.

Ces femmes étaient au nombre de quatre-vingts environ, avons-nous dit.

A onze heures, il y en avait cent.

C'était l'heure fixée pour la réception d'Amélie Beyle.

La séance allait commencer.

# CHAPITRE XIV

## Le serment.

Le plus profond silence avait succédé aux causeries particulières ; chaque femme s'était assise à sa place.

M<sup>me</sup> de Pressigny, que nous ne désignerons plus que par son titre de grande-maîtresse, siégeait sur le trône aux colonnes torses. Elle portait en sautoir un cordon bleu moiré où pendait une truelle d'or, insigne de son grade.

Les pratiques auxquelles nous allons faire assister nos lecteurs sont, à quelques variantes près, les mêmes qu'au dix-septième et au dix-huitième siècle. Nous avons dit que la Franc-Maçonnerie des femmes avait emprunté une grande partie de ses cérémonies et de ses épreuves à la franc-maçonnerie des hommes. Cela est si vrai que, il y a soixante-dix-sept ans environ, une fusion fut tentée entre les deux sectes et reçut même un commencement d'accomplissement, sous la double présidence de la vice-reine de Naples et de S. A. le duc de Chartres, souverain grand-maître de toutes les loges.

Nous n'avons pas ici à élever une thèse à propos de ces pratiques, dont l'ensemble, s'il n'échappe pas absolument au ridicule, ordonne à coup sûr le respect acquis aux traditions qui ont l'âge du monde. Ces mystérieux vestiges d'une fable construite avec les propres matériaux de la Bible, ces croyances architecturales, cet effort violent vers une poésie quelquefois lugubre, cette préoccupation égalitaire et fraternelle saisissant une portion d'individus au sortir du berceau des âges, tout cela ne manque pas d'un certain grandiose. L'idée qui survit à ces formes surannées est d'ailleurs encore assez haute et assez vivace pour défier la raillerie.

La grande-maîtresse porta ses regards sur l'assemblée et les ramena autour d'elle.

A sa droite se trouvaient les sœurs surveillantes, les sœurs dépositaires et les sœurs hospitalières.

A sa gauche, les sœurs officières, les sœurs harangueuses et les sœurs conductrices.

Une de ces dernières était Marianna.

La grande-maîtresse frappa cinq coups sur l'autel avec un maillet d'or.

A ce signal, une des sœurs officières s'avança.

— Quelle heure est-il ? demanda la grande-maîtresse.

— Le lever du soleil.

— Que signifie cette heure ?

— C'est celle à laquelle Moïse entrait dans le tabernacle d'alliance.

— Puisque nous sommes rassemblées ici pour l'imiter, veuillez avertir nos chères sœurs, tant du côté de l'Europe que du côté de l'Afrique et du côté de l'Amérique, que la loge est ouverte.

La sœur officière frappa cinq fois dans ses mains.

Un bruit se fit entendre à la porte d'entrée.

La grande-maîtresse dit :

— Qui est là ? Si c'est un profane, écartez-le.

— C'est une élève de la sagesse qui désire être reçue franc-maçonne, répondit une sœur surveillante.

— Lui connaissez-vous toutes les qualités requises ?

— Toutes.

— Bénis soient donc nos travaux, puisque nous allons donner un soutien de plus à notre institution ! Qu'une de nos sœurs conductrices introduise l'aspirante.

Marianna se détacha d'un groupe, et se dirigea vers la porte.

Amélie apparut. alors vêtue de blanc, pieds nus, les mains liées et les yeux bandés.

A son entrée, les femmes étaient descendues des gradins, et elles s'étaient placées de nouveau sur deux lignes.

Marianna conduisit Amélie devant la grande-maîtresse, après lui avoir fait faire le tour de l'autel.

— Quel motif vous amène ici ? demanda la grande-maîtresse.

— Le désir d'être initiée, répondit Amélie.

— L'inconséquence et la curiosité n'ont-elles aucune part à cette démarche ?

— Aucune, je l'affirme.

— Savez-vous quels sont les devoirs d'une franc-maçonne ?

— Ils consistent à aimer ses sœurs, à leur être utile, à s'instruire dans la pratique de leurs vertus.

— Vous ne dites pas tout, reprit la grande-maîtresse ; la tâche principale de la Franc-Maçonnerie est de chercher à rendre le genre humain aussi parfait qu'il peut l'être. En nous élevant au-dessus des préjugés, nous ne sommes préoccupées que de conquérir la reconnaissance générale. L'engagement que vous allez contracter vous confirmera dans l'idée de vos devoirs envers l'humanité, la religion et l'État. Mais, malgré la confiance et l'estime que vous m'inspirez, il est indispensable que je consulte la loge ; je ne suis que la première entre mes égales.

S'adressant à l'assemblée :

— Est-il quelqu'une de vous, mes chères sœurs, qui s'oppose à la réception de l'aspirante ?

Pas une voix ne s'éleva.

— Alors, débarrassez ses mains de leurs entraves ; il faut être libre pour entrer dans notre ordre.

Marianna coupa les liens d'Amélie.

— Détachez aussi le bandeau qui lui couvre les yeux, symbole de sa bonne foi.

Le bandeau tomba, et chacune put admirer le visage de la jeune femme, qui paraissait fortement émue.

— Venez à moi, lui dit la grande-maîtresse, et répondez à mes demandes.

— Je suis prête.

— Chassée du jardin d'Éden, comment avez-vous pu rentrer dans le temple.

— Par l'arche de Noé, première grâce que le ciel accorda au monde.

— Quel oiseau sortit le premier de l'arche?

— Le corbeau, qui ne revint point.

— Quel fut le second?

— La colombe, qui rapporta le gage de la paix, c'est-à-dire une branche d'olivier.

— L'arche de Noé peut donc être considérée comme la première loge de la Franc-Maçonnerie?

— Évidemment.

— Quelles furent la troisième et la quatrième?

— La tour de Babel, monument de l'orgueil et de la folie des hommes, et le temple de Jérusalem, loge de perfection.

— Que représente la grande-maîtresse?

— Séphora, la femme de Moïse.

— Que représentent la sœur inspectrice et la sœur dépositaire?

— La sœur de Moïse et la femme d'Aaron.

— Que nous apprend l'exemple de la femme de Loth changée en statue de sel?

— La soumission.

— Donnez-moi le mot de passe.

— BETH-ABARA.

— Que veut-il dire?

— Maison de passage.

— Et le mot de grande-maîtresse?

— AVOTH-JAÏR, ou éclatante lumière.

— Comment se fait le signe de reconnaissance?

— Il se fait en portant la main gauche sur la poitrine et en portant le pouce de la main droite à l'oreille gauche, pendant que les autres doigts sont repliés.

— Agenouillez-vous, maintenant.

Amélie obéit.

La grande-maîtresse prit la truelle d'argent, et, après l'avoir trempée dans l'auge, elle la passa cinq fois sur les lèvres de l'initiée.

— C'est le sceau de la discrétion que je vous applique, dit-elle.

La nouvelle adepte demeura à genoux.

— Que signifie l'arc-en-ciel placé au-dessus de votre tête ? reprit la grande-maîtresse.

— L'harmonie de sentiments qui doit régner entre les sœurs de la Franc-Maçonnerie.

— Et les quatre parties du monde représentées sur le tapis qui est sous vos pieds?

— L'étendue de la puissance de la Franc-Maçonnerie.

— Serez-vous une sœur courageuse et dévouée?

— Je le serai.

— C'est bien. Relevez-vous. Il ne vous reste plus qu'à prêter le serment et à en répéter les termes que je vais rappeler.

— Le serment ! murmura Amélie.

— Est-ce que ce mot a quelque chose qui vous effraye? demanda la grande-maîtresse étonnée.

— Non, répondit Amélie, qui venait de rencontrer le regard de Marianna.

— Étendez votre main sur l'autel de feu ou autel de Vérité, et répétez mes paroles.

C'était là que Marianna attendait Amélie. Depuis un quart d'heure, elle ne cessait de l'observer; elle remarquait sa pâleur, ses tressaillements convulsifs, et, à tous ces symptômes, elle reconnaissait une conscience troublée. Elle en conclut que ses machinations avaient été couronnées de succès, et qu'Amélie, prise au piège, avait dû révéler à Philippe Beyle l'existence de la Franc-Maçonnerie des femmes.

Mais sur quoi Marianna pouvait-elle compter pour amener sa rivale à faire l'aveu de sa trahison ? Était-ce sur cet appareil mystique, sur le prestige inquisitorial de son initiation, sur la solennité des engagements qu'elle allait prendre? C'était sur tout cela, en effet, mais principalement aussi sur la noblesse d'âme et sur la franchise d'Amélie. Elle espérait que ses principes d'honneur se soulèveraient à l'idée d'une imposture, et qu'elle repousserait l'autel sur lequel pourtant sa main s'étendait déjà.

Voilà pourquoi Marianna attendait avec impatience l'instant du serment.

La grande-maîtresse dicta à l'initiée les paroles suivantes :

— En présence du grand architecte de l'Univers, devant cette auguste assemblée, je jure, sur l'autel de la Vérité, de consacrer ma vie aux sages et imposantes doctrines de la Franc-Maçonnerie des femmes ; de contribuer, par tous mes efforts, à l'extension de sa domination ; d'exécuter ses ordres aveuglément et promptement ; de l'instruire de tout ce qui pourra lui être utile ou nuisible...

— Je le jure ! dit Amélie.

— Je promets et je jure de garder fidèlement dans mon cœur tous les secrets de la Franc-Maçonnerie ; de ne révéler à personne ses actes et ses symboles, ni à mon père, ni à ma mère, ni à mon époux, ni à mes enfants, ni à mes proches ou à mes amis...

Amélie chancela ; néanmoins elle répéta les paroles de la grande-maîtresse, qui continua ainsi :

— Je jure de ne pactiser avec aucun de ceux dont la sentence aura été prononcée par notre tribunal, de ne point l'avertir des dangers qu'il court, de ne le soustraire à son juste châtiment ni par amour, ni par liens de famille, ni par amitié, non plus qu'en échange d'or, d'argent, de pierres précieuses ou de grades terrestres. Je le jure solennellement, sous peine de déshonneur et de mépris, au risque d'être frappée du glaive de l'ange exterminateur, et de voir s'étendre sur moi et les miens, jusqu'à la quatrième génération, la punition de mon parjure !

Ce ne fut pas sans des défaillances marquées par des moments d'arrêt, qu'Amélie réussit à prononcer l'effrayante formule.

Marianna demeurait haletante.

Son espoir était sur le point d'être déçu.

Où Amélie avait elle puisé tant de résolution, et comment se faisait-il qu'avec son éducation sévère elle n'eût pas reculé devant la perspective d'un faux serment?

C'était bien simple pourtant, et Marianna avait tort de s'étonner. Après le sacrifice fait à Philippe Beyle, Amélie était capable de tous les sacrifices. Elle n'était entrée dans la Franc-Maçonnerie des femmes que pour le protéger contre la vengeance de Marianna (car M$^{me}$ de Pressigny lui avait appris tout ce qu'il fallait qu'elle sût); pouvait-elle hésiter à trahir la Franc-Maçonnerie dès qu'il s'agissait une seconde fois du salut de son mari?

Et puis, ce qui la soutenait dans cette lutte entre sa loyauté et son amour, ce qui la soutenait et ce qui aurait dû la perdre cependant, c'était le regard de Marianna.

Sous ce regard où veillait le soupçon, Amélie sentait se révolter en elle tout ce qu'il y avait d'indignation et de fierté. La vue de cette femme qui venait si audacieusement lui disputer la vie de son époux, après avoir vainement cherché à lui disputer son cœur, lui donnait une énergie nouvelle et la protégeait contre ses propres faiblesses.

Les principales formalités de sa réception allaient être remplies.

La grande-maîtresse s'adressa à l'assemblée :

— Quelqu'une de vous, mes sœurs, exige-t-elle, selon une des clauses de nos statuts, qu'une autre forme de serment soit imposée à l'initiée ?

Marianna fit deux pas en avant, et d'une voix ferme :

— Moi! dit-elle.

Une légère rumeur passa sur l'assemblée.

La grande-maîtresse elle-même pâlit sous son masque d'impassibilité.

— Quel serment exige notre sœur conductrice ? demanda-t-elle.

— Le serment sur l'Évangile, répondit Marianna sans quitter Amélie des yeux.

— L'Évangile! murmura celle-ci avec terreur.

— Que l'Évangile soit apporté, selon le vœu exprimé par notre sœur conductrice, dit la grande-maîtresse en s'adressant aux officières.

L'intervalle qui s'écoula entre l'aller et le retour fut rempli par une agitation inaccoutumée.

On blâmait généralement la conduite de Marianna; on connaissait sa haine pour Philippe Beyle, et l'on s'affligeait de la voir reporter cette haine jusque sur une personne affiliée et touchant de si près à la grande-maîtresse.

De son côté, la grande-maîtresse n'avait que des inquiétudes vagues; elle ignorait complétement et ne soupçonnait même pas la faute d'Amélie; elle mettait ses hésitations sur le compte de son âge, de sa timidité; et elle ne voyait dans la proposition de Marianna qu'une manifestation dernière d'une vengeance à bout de ressources.

Le livre saint fut apporté et placé ouvert sur l'autel.

Cette épreuve devait être décisive, au point de vue de Marianna.

Fille pieuse, épouse chrétienne, Amélie allait-elle profaner le monument de sa foi? Ses lèvres craintives et pures oseraient-elles s'ouvrir pour proférer un mensonge sacrilége?

Cette même pensée possédait et étreignait le cœur d'Amélie.

Ce fut à peine si elle entendit la voix de la grande-maîtresse, qui lui ordonnait d'étendre la main.

— Jurez-vous sur les saints Évangiles d'obéir aux lois de la Franc-Maçonnerie?

— Je le jure, répondit-elle d'une voix faible.

— Jurez-vous de ne jamais trahir ses doctrines, de ne jamais révéler ses mystères?

Une nuée passa devant les yeux d'Amélie; une vision lui montra Philippe persécuté, poursuivi, et l'accusant à son tour.

— Je le jure, dit-elle.

Marianna retint un cri de rage, et, laissant tomber sa tête sur sa poitrine, elle murmura :

8

— Comme elle l'aime !

Cet effort avait épuisé Amélie; elle chercha un appui, et tomba entre les bras des sœurs officières...

Heureusement, la réception était terminée.

Un dernier usage prescrivait de ne pas fermer la loge avant de procéder à une quête en faveur des pauvres. En conséquence, une des sœurs hospitalières fit le tour des quatre parties du monde, c'est-à-dire de l'assemblée ; et chaque franc-maçonne déposa une offrande en rapport avec sa fortune.

# CHAPITRE XV

## Nouvelle imprévue

Quelques heures après, Amélie était à sa toilette, et, malgré son accablement, elle recevait les soins de sa femme de chambre. Elle attendait Philippe, dont la presence devait atténuer ses remords et chasser les souvenirs de la matinée. Mais Philippe n'arrivait pas.

Après avoir revêtu une robe de couleur claire, destinée à relever, selon l'expression adoptée, sa physionomie un peu languissante, Amélie ordonna qu'on introduisît un domestique, qui insistait pour lui parler.

Ce domestique était cravaté et ganté de blanc.

— Madame ne me remet pas? dit-il.

— Votre livrée ne m'est pas inconnue.

— J'ai l'honneur d'appartenir à Son Excellence le ministre des affaires étrangères.

— Ah! s'écria Amélie, vous venez de la part de mon mari?

— Oui, madame, répondit le laquais d'un air embarrassé et en regardant la ganse de son chapeau.

— Eh bien! qu'avez-vous à me dire?

— Que madame me permette...

— J'attends!

— Je prie madame de ne point s'inquiéter.

— Qu'y a-t-il donc? Qu'est-ce qui lui est arrivé?

— M. Beyle a fait une chute de cheval, dit le laquais.

— Oh! mon Dieu!

— Que madame se rassure, ce n'est rien... ou du moins presque rien... M. Beyle est à peine blessé.

— Mais où est-il? demanda Amélie toute tremblante.

— Il est dans une maison de campagne de Son Excellence, à deux pas d'ici. Voici comment cela est arrivé. Son Excellence avait fait demander M. Beyle. M. Beyle s'est empressé de se rendre à cet ordre; mais, en route, son cheval a été effrayé par le bruit d'une charrette chargée de fer; M. Beyle est tombé et a dû se faire conduire en voiture chez Son Excellence.

— Mais sa blessure?

— C'est peu de chose, madame; une foulure... une entorse, tout au plus.

— Oh! n'importe, il faut que je le voie! dit Amélie.

— C'est facile, s'empressa de répondre le laquais; et pour peu que madame ait quelque doute et conserve quelque inquiétude, je suis chargé par Son Excellence de la conduire immédiatement auprès de M. Beyle. Une des voitures du ministre est en bas.

— Thérèse! mon chapeau, mon châle!

— Madame sort?

— A l'instant. Donnez donc!

— Voici, madame.

Amélie fut prête en moins d'une minute.

— Accompagnerai-je madame? demanda la femme de chambre.

A cette question, le laquais cravaté de blanc ne put réprimer un mouvement qui passa inaperçu des deux femmes.

— Non, répondit Amélie après un moment de réflexion.

— Madame rentrera bientôt?

— Je ne sais, je vais rejoindre mon mari.

Thérèse, étonnée, s'inclina.

Au bout de quelques instants, une voiture emportait rapidement Amélie.

Pendant ce temps, Philippe Beyle et le comte d'Ingrande, dans l'ignorance de ce qui se passait, et se promenant bras dessus bras dessous sur le boulevard, entraient au Café Anglais pour y dîner.

Improvisée et due à l'initiative du comte d'Ingrande, cette partie avait pour tous les deux l'attrait d'un repas de célibataires. Pourquoi ces distractions, d'ailleurs bien innocentes, ont-elles toujours lieu hors du cercle des habitudes? Les épicuriens modernes, qui savent mener de front la politique, l'industrie, la famille, les arts et le plaisir pourraient seuls nous l'apprendre.

# CHAPITRE XVI

## Le piége.

Un dîner au Café Anglais exige une apparition dans une loge au théâtre et un tour au Cercle. Le comte d'Ingrande et Philippe Beyle connaissaient trop bien le code de la vie mondaine pour essayer de se soustraire à ces deux principaux articles. Vers onze heures, ils entrèrent au Club, avec l'intention d'y distribuer deux ou trois poignées de main, de s'y déganter, de s'y reganter et de partir. Rien de plus sagement résolu, comme on voit.

Le hasard voulut que ce soir-là ils entrassent dans une pièce où l'on jouait.

Machinalement, ils prirent place à une table de jeu, autour de laquelle des hommes vraiment supérieurs par l'intelligence étaient confondus avec quelques-unes de ces nullités facétieuses qui n'ont d'autre mérite que celui de savoir se ruiner en souriant, dussent-elles, au premier jour de pauvreté, se brûler paisiblement la cervelle entre un dernier cigare et une dernière grimace.

Philippe Beyle et le comte d'Ingrande étaient à peine assis, que le dialogue suivant s'engagea entre une frisure blonde qui arrivait et une barbe olympienne au repos :

— Vous ne serez donc jamais exact, Bécheux? dit la barbe au repos.

— Colombin, ne m'accablez pas de reproches ; je sais mes torts, repartit la frisure.

— Vous deviez venir me prendre à Tortoni entre cinq et six heures?

— C'est vrai.

— Et il en est onze passées.

— Archi-vrai.

— Eh bien ! mais ce n'est pas plaisant... dit Colombin étonné.

— C'est même excessivement désagréable ; mais il y a des circonstances atténuantes, et je demande à les plaider.

— Tu plaides donc, toi, Bécheux? dit un joueur sans se retourner.

— Je pourrais plaider, répondit Bécheux offusqué par cette interpellation ; je suis inscrit au tableau des avocats.

— Bécheux avocat? murmurèrent quelques personnes en levant la tête.

— Oui, messieurs, oui, dit-il en se rengorgeant et en jouant avec son lorgnon.

— Charmant.

— Inouï !...

— Ravissant !...

Et un éclat de rire général couvrit ces acclamations ironiques.

Bécheux devint rouge ; il essaya de sourire, mais il n'y parvint pas.

— Voyons, reprit Colombin, le prenant en pitié ; quelles sont les circonstances atténuantes?

— Acceptez-vous le cas de force majeure? dit Bécheux.

— Qu'est-ce que cela?

— Par exemple, l'incarcération ?

— Comment, on vous aurait tenu enfermé, Bécheux?

— Vous allez voir.

— Attention! maître Bécheux va plaider! s'écria le même joueur.

— Je revenais du bois de Boulogne vers trois heures; vous voyez que j'avais parfaitement le temps d'arriver à Tortoni pour cinq heures. Le temps était superbe...

— L'air pur.

— Les oiseaux faisaient entendre de délicieux concerts.

— Oh! messieurs, s'écria Bécheux, vous m'interrompez toujours!

— Continuez, dit Colombin.

— Je montais *Grippe-Soleil;* vous devez connaître *Grippe-Soleil?*

— Non, mais c'est égal.

— Je l'avais mis au trot, qui est l'allure où il excelle, reprit Bécheux.

— Sa main sur son coursier laissait flotter les rênes...

— C'était sur la limite d'Auteuil et de Boulainvilliers; depuis quelques instants, je ne pensais qu'à mon rendez-vous de Colombin. Je me disais : Colombin m'attend, ne soyons pas en retard. Un rendez-vous, c'est sacré. Les rois n'ont pas d'autre politesse que l'exactitude.

— Peste! voici un joli monologue.

— Toutes les cinq minutes, je consultais ma montre... qui est une fort belle montre... Avez-vous vu ma montre?

Silence unanime.

— Tout à coup....

— Ah! l'intérêt commence enfin, murmura un des auditeurs.

— J'aperçois le pavillon que s'était fait construire ce pauvre Porqueval, mon ami intime; le baron de Porqueval, qui vient de mourir; Porqueval, vous savez?

— Après? dit Colombin.

— Toutes les fenêtres étaient fermées; seule, la porte d'entrée était entr'ouverte. Je m'imagine que le pavillon est à vendre. Alors, je n'en fais ni une ni deux, je jette mes brides à Toby; vous savez, Toby, hein?

— Ensuite?

— Puis, j'entre dans l'habitation en me disant : Tiens, ce n'est pas laid, cela! pourquoi n'achèterais-je pas cela ? Achetons cela. J'y viendrai avec mon ami Colombin, avec ce cher Colombin.

— Merci.

— Allons, allons, Bécheux a acheté le pavillon Porqueval, dit un membre du Club.

— Nullement, répliqua Bécheux, et voilà l'endroit où je sollicite toute votre attention.

— Messieurs, c'est bien réellement un avocat; je le reconnais à cette formule.

— Bécheux, notre attention vous est acquise.

— Voici. En acheteur scrupuleux, je fais le tour de l'immeuble, je visite le jardin; je ne rencontre personne. La cave était placée sous le perron, je veux aussi explorer la cave; j'y pénètre. Il n'y avait pas deux minutes que je lorgnais les tonneaux, lorsque j'entends la porte qui se referme. J'étais prisonnier.

— Prisonnier !

— Hum! cela tourne à l'Anne Radcliff.

— Je me disposais à appeler, lorsqu'en m'approchant de la porte, j'aperçus, par les jours que dessinaient les arabesques de fonte... devinez quoi?

— Messieurs, Bécheux n'est pas seulement un avocat, c'est encore un romancier; voyez quelle habileté dans les suspensions de son récit.

— Puisqu'il l'exige, dit un joueur, fournissons-lui la réplique. Voyons Bécheux, qu'aperçûtes-vous ?

— Un fantôme?

— Un chevalier couvert d'un casque à plume rouge et à visière noire?

— Une licorne qui vomissait des flammes?

— Non, messieurs, j'aperçus une femme, une femme très-belle et que je reconnus aussitôt.

— Voilà Bécheux en bonne fortune !

— Le fat !

— Vous connaissez tous celles que j'ai vues, messieurs.

— Vraiment? dit d'une voix distraite Philippe Beyle, qui ne cessait de jouer avec un bonheur surprenant.

— Et vous plus que personne, monsieur Beyle.

— Bah! s'écria-t-on de toutes parts.

— Mon cher Bécheux, dit Colombin, si vous tenez absolument à être indiscret, n'aggravez pas vos torts en balbutiant plus longtemps.

Bécheux, piqué par cette observation, continua :

— Certainement, le hasard est pour beaucoup dans ma découverte, mais néanmoins elle a son prix. Depuis quelque temps, il n'est aucun de vous qui ne se soit demandé et qui ne se demande encore : Où diable se cache donc la Marianna? que devient donc la Marianna ?

Philippe Beyle fit un mouvement; mais, tranquille en apparence, il continua de jouer, c'est-à-dire de gagner.

— Eh bien! messieurs, la Marianna demeure à Boulainvilliers, où elle est mystérieusement réfugiée dans le pavillon de mon pauvre ami Porqueval. Dès que je l'ai reconnue, je lui ai souhaité le bonjour à travers la porte. Elle est venue me délivrer en me recommandant le plus grand secret... Et voilà pourquoi je n'ai pu me trouver aujourd'hui à Tortoni, au rendez-vous de Colombin.

Bécheux avait fini. Bécheux s'essuya le front. Bécheux reçut avec modestie les félicitations de ses auditeurs.

L'attention inquiète que Philippe Beyle avait prêtée à cette narration ne l'avait pas empêché de réaliser des bénéfices considérables, si considérables qu'il lui devint même impossible de quitter décemment la partie.

En conséquence, Philippe écrivit un petit billet à Amélie pour la prévenir qu'un travail important le retenait au ministère et le forcerait probablement à y passer la nuit.

Puis il se remit au jeu.

Bientôt la fortune se retourna vers un autre amant avec la soudaineté et l'insolence des courtisanes. De Philippe elle alla à Bécheux. Bécheux hérita entièrement de Philippe, qui, après s'être obstiné quelque temps encore, finit par se trouver en perte de mille louis.

Il put se lever, cette fois.

Cinq heures du matin allaient sonner.

Philippe Beyle remit à M. Bécheux une carte de visite au dos de laquelle il avait écrit au crayon : « Bon pour mille louis, que je payerai aujourd'hui, à midi. »

— Mais, mon cher, dit Bécheux, empressé de montrer son savoir-vivre, je n'accepte que votre parole. Reprenez votre carte.

— Je puis mourir d'ici à quelques heures.

— Mes regrets seraient assez vifs pour me faire oublier ma créance.

— Vous êtes un galant homme, c'est connu, répéta Philippe ; mais permettez-moi d'agir en cette occasion selon mes habitudes.

Dès que Philippe et le comte se trouvèrent seuls sur le boulevard, Philippe dit :

— Il me manque à peu près, en ce moment, quatre cents louis pour m'acquitter envers M. Bécheux.

— Bagatelle ! répondit le comte d'Ingrande. Attendez-moi chez vous, mon cher.

Ils se séparèrent.

Le comte se dirigea vers le faubourg Montmartre, tandis que Philippe Beyle, mécontent de sa nuit et de lui-même, se hâta de regagner son hôtel.

Son étonnement fut grand, lorsqu'en traversant son antichambre, il vit son domestique profondément endormi dans un fauteuil.

Auprès de lui, un flambeau jetait ses dernières lueurs qui ne pouvaient déjà plus lutter avec l'aurore.

— Ce pauvre garçon m'aura attendu, pensa-t-il.

Il appela.

— Jean !

— Monsieur ! dit celui-ci éveillé en sursaut.

— Vous ne vous êtes donc pas couché ?

— Que monsieur daigne me pardonner, dit le valet en se frottant les yeux ; dans ce moment, je ne sais pas bien encore où je suis.

— Vous êtes dans l'antichambre et il est six heures du matin, dit Philippe en souriant.

— Il suffit que monsieur le dise pour que je le croie.

— Rappelez vos idées, Jean.

— Les voilà, monsieur, les voilà toutes !

— J'ai envoyé un laquais, hier.

— Un laquais ! répéta Jean d'un air ahuri.

— Vous en souvenez-vous ?

— Monsieur veut dire : deux laquais.

— Comment !

— Celui de l'après-midi et celui de minuit.

Philippe secoua doucement le bras de Jean.

— Ah çà ! vous réveillerez-vous à la fin ?

— Oui, monsieur, dit Jean effrayé.

— Je vous demande s'il est venu hier un homme de ma part.

— De votre part ? oui, monsieur... avec une voiture.

— Eh ! non, dormeur enragé... avec un billet !

— Avec un billet, c'est vrai. Il est venu avec un billet, je l'avais oublié.

— Pour madame ?

— Pour madame, oui, monsieur, c'est moi qui l'ai reçu.

— Et vous avez remis immédiatement ce billet à ma femme, n'est-ce pas ?

Cette fois, Jean regarda Philippe avec une expression qui tenait non plus du sommeil, mais du complet ébahissement.

— Si j'ai remis ce papier à votre... à madame, balbutia-t-il.

— Répondrez-vous ?

— Mais monsieur sait bien que...

— Je ne sais rien, dit Philippe avec impatience ; avez-vous, oui ou non, remis ce billet à madame ?

— Je l'ai donné à la femme de chambre, répondit Jean.

— Cela revient au même. Allez vous reposer.

— Je remercie monsieur. Je vais lui obéir.

Et Jean sortit, avec des gestes et des regards tels que Philippe en conçut quelques doutes sur la plénitude de sa raison.

Après avoir remédié autant que possible au désordre que les fatigues avaient imprimé à sa toilette et à sa physionomie, Philippe Beyle s'avança, sur la pointe du pied, jusqu'au seuil de la chambre d'Amélie.

Aucun bruit ne vint lui annoncer son réveil.

Il supposa que, contrariée par son retard et après une longue attente, elle ne s'était endormie qu'à une heure fort avancée.

Philippe ne voulut pas interrompre un sommeil déjà troublé par sa faute.

Ce ne fut qu'au bout de deux heures qu'il se décida à entrer chez elle.

Elle n'y était pas. Le lit était intact.

Philippe Beyle éprouva un de ces bouleversements qui mettent une première ride sur le visage d'un homme.

Il vit sur un guéridon le billet envoyé par lui.

Il s'en empara.

Le cachet y était encore.

Philppe fit quelques pas au hasard dans sa chambre ; les pas d'un homme halluciné.

Cinq minutes après, il sonna. Il s'était assis. Il feignait de lire une revue.

Ce fut Thérèse qui arriva.

Elle poussa une exclamation de surprise en apercevant Philippe.

— Ah ! s'écria-t-elle, monsieur n'est donc pas en danger ! Que je suis contente !

— En danger ? Pourquoi pensiez-vous que j'étais en danger ? demanda-t-il.

La femme de chambre demeura bouche béante.

— Parlez, Thérèse.

— C'est que... hier...

— Eh bien, hier ?

— On est venu de la part de monsieur.

— On est venu dire que j'étais en danger ?

— Pas en danger, mais souffrant, répliqua la femme de chambre.

— Souffrant ?

— A la suite de votre chute de cheval. Et, en effet, monsieur est encore tout pâle.

— Continuez, Thérèse, dit Philippe; ce que vous racontez m'intéresse; je tiens d'ailleurs à savoir comment ma commission a été faite. On est donc venu hier? A quelle heure?

— A quatre heures de l'après-midi environ.

— De l'après-midi. C'est bien. Vous étiez là, sans doute?

— Oui, monsieur.

— Qui est-ce qui est venu?

— Un domestique à la livrée du ministre.

Philippe Beyle se contraignit.

— A la livrée du ministre? Vous en êtes sûre, Thérèse?

— Oh! oui, monsieur. D'autant plus sûre qu'il est venu avec une voiture du ministère.

— Ah!

— On dirait que monsieur ignore tous ces détails.

— Non, certainement; mais je crains qu'on n'ait été trop loin... qu'on n'ait alarmé à tort ma femme. Ce domestique, vous l'avez entendu, qu'a-t-il dit?

— Il a dit que monsieur était tombé de cheval en se rendant à la maison de campagne du ministre, mais que c'était peu de chose; que, du reste, si madame voulait savoir à quoi s'en tenir, le ministre lui envoyait une de ses voitures, qui avait ordre de la conduire immédiatement auprès de monsieur.

— J'entends... auprès de moi... oui, Thérèse; mais ce n'est pas tout.

— Quoi donc?

— Madame... qu'est-ce qu'a fait madame?

— Elle n'a fait qu'un saut d'ici dans la voiture, dit la femme de chambre.

— Elle est partie?

— Je le crois bien!

— Pour... où? demanda Philippe respirant à peine.

— Je ne l'ai pas demandé à madame

— Thérèse, on étouffe ici. Ouvrez cette fenêtre.

Philippe eut en ce moment le courage et la force de s'imposer la plus horrible des contraintes, afin de cacher à ses gens les atteintes presque déshonorantes d'un rapt aussi éclatant.

Thérèse, immobile, le regardait.

— Monsieur a peut-être eu tort de s'en revenir si tôt, dit-elle ; et je ne comprends pas que madame n'ait pas accompagné monsieur, dans l'état où il est.

— Vous pouvez vous retirer Thérèse ; je sais tout ce que je voulais savoir.

La femme de chambre obéissait ; il la rappela.

— J'attends M. le comte d'Ingrande, dit-il ; prévenez Jean afin qu'il l'introduise dans mon cabinet, au cas où je ne serais pas encore rentré.

— Comment ! monsieur veut sortir ? Monsieur n'y pense pas ! reprit Thérèse.

— Allez.

Puis il se leva.

Il venait de se rattacher à un espoir.

Malgré l'heure matinale, il courut chez la marquise de Pressigny ; mais ce fut pour apprendre qu'elle était partie la veille pour la campagne.

Sa seule espérance anéantie, Philippe dut se retourner forcément vers le soupçon qui avait jailli dans sa pensée lors de l'interrogatoire de Thérèse.

Sa femme avait été victime d'un guet-apens dressé par Marianna.

C'était à Boulainvilliers que demeurait Marianna ; c'était à Boulainvilliers qu'on avait attiré Amélie. Le doute devenait presque impossible.

De retour chez lui, il trouva le comte d'Ingrande qui l'attendait.

Le comte jeta un coup d'œil étonné sur Philippe et lui dit :

— Vous vieillissez, mon cher.

— Je vieillis ? murmura Philippe Beyle.

— Ah çà ! tournez-vous donc du côté de cette glace ; vous êtes cadavéreux. Mon gendre, je ne vous conseillerais pas de passer souvent vos nuits à jouer. Voici vos quatre cents louis que je vous apporte.

— Je vous remercie.

— Ces jeunes gens d'à présent ! Plus d'ardeur, plus de tempérament. C'est incompréhensible. Voyez-moi et regardez-vous.

— Oui, la fatigue...

— Tiens ! vous avez acheté cela ? dit le comte en appliquant son lorgnon sur un petit cadre.

— Quoi?

— Ce Corot. Je l'avais marchandé, il y a deux mois, pour... pour quelqu'un. C'est très-frais ; un peu négligé. A propos...

Il se retourna vers Philippe.

— Je veux embrasser Amélie.

Philippe ne bougea pas.

— Si nous passions chez elle ? dit le comte en marchant vers la porte.

Philippe étendit la main pour l'arrêter.

— Ah ! dit M. d'Ingrande, elle est sortie?

— Oui.

— Déjà? Quelque pratique de dévotion, sans doute. J'attendrai son retour. Jean me servira à déjeuner. Sans indiscrétion, qu'est-ce que vous avez payé ce Corot?

— Vous attendrez... son retour ?

— Est-ce que cela vous gêne ? reprit le comte. Vous avez l'air troublé, ce matin; je l'ai remarqué quand vous êtes entré.

La porte de la chambre s'ouvrit. Thérèse parut.

— Monsieur... dit-elle avec agitation.

— Qu'est-ce que c'est? je ne veux pas recevoir ! s'écria Philippe, heureux de cacher son embarras sous une explosion d'impatience.

Le comte fit signe à cette fille de parler.

— Ce n'est pas une visite, monsieur, c'est bien autre chose ! dit Thérèse d'une voix mystérieuse.

— Eh bien ! je vous écoute.

— Mme la comtesse d'Ingrande est arrivée à Paris. A peine descendue dans son hôtel, elle vient d'envoyer un de ses gens pour prévenir madame qu'elle l'attendait.

— Mme d'Ingrande à Paris ! s'écria Philippe.

— Il n'y a rien là de surprenant, reprit le comte qui l'observait.

— Vous avez raison, balbutia Philippe.

Le comte ajouta:

— Et elle désire voir sa fille; c'est encore tout simple, c'est... comme moi.

—Que dois-je répondre au laquais? demanda Thérèse en regardant alternativement les deux hommes.

Comme aucun d'eux ne prenait la parole, elle continua :

— Monsieur veut-il que je dise que madame n'est pas à Paris?

— Non! s'écria Philippe Beyle; j'attends madame d'un instant à l'autre.

Le comte d'Ingrande congédia d'un geste la femme de chambre.

Dès que la porte se fut refermée sur elle, il marcha à Philippe et ne lui dit que ces mots :

— Où est ma fille?

— Monsieur le comte...

— Répondez, où est-elle? Votre figure renversée, vos phrases entrecoupées me font présager un malheur.

— Eh bien, oui, dit Philippe, un malheur! Il y a un malheur sur elle comme sur moi.

— Je m'en doutais.

— On a usé d'un subterfuge, pendant mon absence, pour enlever Amélie.

— Quand? demanda le comte terrifié.

— Hier.

— Qui?

— Une femme.

— Philippe, vous êtes fou.

— C'est vrai, je devrais dire un démon, puisqu'il s'agit de Marianna.

— La cantatrice Marianna?

— Oui.

— Celle qui fut votre maîtresse?

— Celle-là, et qui me fait cruellement expier aujourd'hui mon caprice d'autrefois.

— Au nom du ciel, expliquez-vous! dit le comte; dans quel but supposez-vous que cette Marianna ait fait enlever ma fille?

— Le sais-je?

— Croyez-vous à un danger réel?

— Je crois à tout, dès que j'aperçois le doigt de Marianna.

— Quel parti comptez-vous prendre?

— Un hasard inouï m'a mis sur la trace de ce rapt. Vous rappelez-vous l'histoire racontée au club par M. Bécheux?

— Non.

— Il n'importe. C'est grâce à cette histoire, si saugrenue qu'elle soit, que je connais la demeure de Marianna.

— Vous la connaissez? s'écria la comte d'Ingrande; mais alors partons, partons tout de suite! Un tel enlèvement participe plus de la folie que du crime. Allons trouver cette femme.

— Soit, monsieur le comte.

— Habituée aux expédients de théâtre, elle aura voulu les transporter dans la vie réelle. Il est impossible, à l'heure qu'il est, qu'elle ne se repente pas de son imprudence.

Philippe Beyle hocha le front.

— Vous ne connaissez pas la Marianna, dit-il.

# CHAPITRE XVII

## Au pavillon de Boulainvilliers.

En peu de temps, Philippe Beyle et le comte, grâce à un excellent attelage, arrivèrent à Boulainvilliers, devant le pavillon indiqué par M. Bécheux.

C'était une de ces constructions fragiles et gracieuses comme on en voit un assez grand nombre aux environs de Paris. Élevées dans une heure d'opulence et abandonnées aux premiers jours d'infortune, ces improvisations architecturales, ces chefs-d'œuvre de la vanité sont finalement achetés au tiers de leur valeur par de bas spéculateurs ou par des Madeleines repentantes en quête d'une Sainte-Baume avec potager, cour et dépendances.

Philippe Beyle et M. d'Ingrande eurent soin de laisser leur voiture à distance.

Aux sons d'une clochette, une paysanne arriva.

— Nous sommes les personnes que madame attend, dit Philippe d'un ton si affirmatif que toute demande d'explication eût été hors de propos.

Aussi la paysanne ne trouva-t-elle rien à répliquer.

Ils se dirigèrent vers la maison, comme s'ils en eussent été les familiers.

Ni l'un ni l'autre ne s'étonnèrent de la facilité avec laquelle on leur livrait l'entrée d'une retraite où, ce jour-là surtout, il était naturel de s'attendre à un redoublement de précautions. Ils étaient trop animés pour s'arrêter à des détails dont un indifférent n'eût pas manqué d'être frappé.

Ils franchirent le perron.

Là, Philippe dit à son beau-père :

— Monsieur le comte, il convient, il est même prudent que vous m'attendiez ici. L'entretien que je vais avoir avec Marianna est décisif, et doit se passer sans témoin. C'est du moins mon opinion.

— La connaissance que vous avez du caractère de cette femme vous met à même mieux que moi de décider du choix des moyens à employer. Je ferai selon vos instructions.

— Eh bien ! reprit Philippe, si dans une demi-heure je ne suis pas redescendu dans ce vestibule, c'est que votre intervention sera nécessaire, c'est que votre autorité sera indispensable.

— J'entends, dit le comte.


Philippe Beyle s'élança vers l'escalier du premier étage.

La porte du salon était entr'ouverte. Il la poussa et se trouva face à face avec Marianna.

Décidément, les circonstances le servaient.

— Vous, chez moi ! dit-elle ; vous ! vous !

— Pas d'éclat, madame ; c'est inutile, et cela pourrait devenir dangereux. Pas de bruit, croyez-moi. Restons seuls tous deux. Vous savez pourquoi je viens ici ?

— Vous oubliez...

— Oh ! ne perdons pas de temps ! Ce n'est pas l'heure des récriminations.

— Que voulez-vous, enfin ?

— Je veux ma femme !

Marianna le regarda du haut en bas; et son bras s'étendit vers un timbre qui était à sa portée.

Mais, avant que le timbre résonnât, le bras de Marianna était emprisonné dans la main de Philippe.

Elle murmura :

— C'est vrai; j'oubliais vos façons d'agir.

Il lui lâcha le poignet, et elle alla s'asseoir, avec une apparence de calme, sur un divan.

— M'avez-vous entendu? lui dit-il.

— Oui.

— Où est-elle?

— Encore? dit Marianna haussant les épaules.

— Ne dissimulez pas; je sais tout.

— Une phrase pour effrayer.

— Pour punir!

— Monsieur!

— Peu m'importe de blesser votre dignité; ce n'est pas de votre dignité qu'il s'agit à présent. Il me faut Amélie.

— Qu'y a-t-il de commun entre votre femme et moi?

— Elle est tombée dans un piége que vous lui avez tendu.

— Un piége?

— Faites-y attention. Vous jouez un jeu qui peut vous devenir funeste. Si je suis accouru ici d'abord, vous devez m'en savoir gré, car j'aurais pu simplement m'adresser à la justice. Je ne l'ai pas fait, par un reste d'égard pour vous.

— De la clémence? dit ironiquement Marianna.

— Non, de la pitié, c'est-à-dire ce qu'on doit aux insensées, aux femmes atteintes de vertige...

— Ah! vous êtes imprudent de me parler ainsi! s'écria-t-elle, l'œil plein d'un feu noir.

— Allons donc! redressez-vous donc! Soyez donc vous-même! Quittez ce vêtement d'imposture qui ne va pas à votre taille! Pour une haine comme la vôtre, pas de moyens mesquins. Voyez, est-ce que je ruse, moi? est-ce que je prends cette peine avec vous? Fi donc! Ne rampez plus comme les vipères, bondissez et frappez comme les lionnes!

— Je me souviendrai du conseil quand il en sera temps, murmura-t-elle.

Philippe consulta la pendule et dit :

— Il faut que dans deux heures ma femme soit chez moi.

— Sur qui comptez-vous pour cela?

— Sur vous, premièrement, et, à votre défaut...

— A mon défaut, sur le procureur du roi, n'est-ce pas? C'est là ce que vous voulez dire!

— Non, madame; je sais que, par vos relations, vous pouvez jusqu'à un certain point échapper à une instruction dirigée contre vous.

— Par mes relations? répéta Marianna.

— Tenez, jouons cartes sur table. Il existe en plein Paris, au temps où nous vivons, une association de femmes assez folles pour oser mettre leur volonté ou plutôt leurs fantaisies en opposition avec la loi. Amélie est aujourd'hui l'une des victimes de ce tribunal inique.

— Mais quel rapport?...

— Aucun, si vous voulez. Supposons que je vous raconte un rêve. Eh bien, je vous dis, moi : c'est par votre instigation qu'Amélie est détenue arbitrairement, c'est par votre instigation qu'il faut qu'elle soit rendue à la liberté.

Marianna se tut, comme fatiguée par cet entretien.

— J'ai voulu faire un appel à votre raison, reprit Philippe; maintenant, que les malheurs qui vont arriver retombent sur votre tête! Ce n'est pas vous seule que je vais atteindre, c'est la Franc-Maçonnerie des femmes tout entière.

— La Franc-Maçonnerie des femmes! répéta-t-elle en ayant de la peine à cacher la joie que lui causait cet aveu.

— Oui, s'écria Philippe, c'est-à-dire une ligue coupable, une dérision, une monstruosité! Ne croyez pas que je menace en vain. Vous me connaissez; je vais jusqu'au bout de mes projets. Je dénoncerai la Franc-Maçonnerie des femmes. Je ne la dénoncerai pas à un procureur du roi; j'irai plus haut. Un secrétaire général du ministre des affaires étrangères n'est pas le premier venu; on l'écoute, on m'écoutera. Je montrerai les plus grands noms compromis avec les noms de la borne et du bouge. Tous ces noms me sont connus, j'en ai la liste. Mon plan de campagne est dressé : je vais cerner le lieu de vos réunions clandestines et les quatre rues qui y aboutissent. Une serre conduit à la salle des séances; on y trouvera des preuves, des insignes. Il y aura scandale, je vous en avertis, car je suis déterminé à tout. Je suppose même que les magistrats auxquels je m'adresserai, que le préfet de police, que le ministre de la justice se refusent à provoquer un éclat; j'admets que votre institution trouve des protections jusque sur les marches du trône; j'en appellerai au public. Pour parvenir à lui, tous les moyens me seront bons : le journal, le mémoire, l'affiche, le livre. J'ai des amitiés nombreuses, je les intéresserai à ma cause. Ma voix sera entendue, je défie vos bâillons. Je révélerai vos ignobles mystères, vos ridicules cérémonies; je vous renverserai, entendez-vous, je vous renverserai.

— Vous divaguez...

— Non, car vous êtes pâle et vous tremblez.

— Moi !

— Réfléchissez-y, dit Philippe. Une séquestration de personne est sévèrement punie; du même coup, votre vengeance ruinera votre association.

Marianna se leva.

— Est-ce tout ce que vous avez à me dire ? demanda-t-elle froidement.

— Non. J'ai un mot à ajouter.

L'accent dont, à son tour, il accompagna ces paroles épouvanta presque Marianna.

Il s'approcha d'elle, et la brûlant du regard :

— Vous avez osé toucher à Amélie. J'aurais tout oublié, excepté cela. L'entretien que nous venons d'avoir sera le dernier, probablement; gravez-le dans votre mémoire. Retenez bien ceci surtout : dans deux heures, Amélie sera chez moi, ou le secret de la Franc-Maçonnerie des femmes sera livré aux quatre vents de Paris.

Philippe Beyle partit après cette déclaration.

Au bas de l'escalier, il retrouva le comte d'Ingrande qui l'attendait.

Lorsqu'elle se fut bien assurée que la porte du pavillon s'était refermée sur leurs pas, Marianna alla écarter un rideau derrière lequel il y avait quatre femmes.

Ces quatre femmes appartenaient à la Franc-Maçonnerie.

C'étaient la comtesse Darcet, M<sup>me</sup> Guillermy, M<sup>me</sup> Flachat et M<sup>me</sup> Ferrand.

Elles avaient assisté à la scène qui vient d'être racontée.

— Eh bien? dit Marianna en les regardant tour à tour.

— M<sup>me</sup> Beyle nous a trahies, murmura la comtesse Darcet.

— Descendons vers elle, à présent, reprit Marianna, dont les yeux jetaient des éclairs de triomphe.

# CHAPITRE XVIII

## L'épée d'Irénée.

Le lecteur a compris qu'Amélie était effectivement tombée dans les rets de Marianna.

Devons-nous révéler les moyens employés par celle-ci ? N'a-t-on pas assez dit quelles nombreuses intelligences la Franc-Maçonnerie des femmes comptait en tout lieu ? Est-il utile de faire entendre, par exemple, que la narration de M. Bécheux était une chose prévue et ordonnée ?

Arrivée au pavillon de Boulainvilliers, Amélie avait été introduite dans une salle du rez-de-chaussée, où elle s'était trouvée en présence de M<sup>me</sup> de Guillermy, de la comtesse Darcet, de M<sup>me</sup> Flachat et de M<sup>me</sup> Ferrand.

Elle les reconnut immédiatement, et la crainte traversa son esprit.

— Mesdames, veuillez me dire où je suis ? demanda-t-elle.

— Vous êtes sous notre sauvegarde, lui répondit la comtesse Darcet.

— Mais mon mari... cette chute ?

— On a dû employer ce moyen pour vous conduire ici.

— Je ne suis donc pas chez le ministre? dit Amélie avec étonnement.

— Vous êtes chez une de nos sœurs.

— Laquelle?

— Vous l'apprendrez bientôt.

— Mesdames, mesdames, qu'est-ce que cela signifie? Pourquoi m'a-t-on trompée? Est ce un jeu? Dissipez mon inquiétude je vous en prie.

— Au milieu de nous, vous n'avez rien à craindre, dit M^me Guillermy.

— Il n'importe! On a usé de mensonge pour m'attirer dans cette maison; je ne peux, je ne dois pas y rester.

— Ma chère enfant, dit la comtesse Darcet, votre volonté cesse d'être individuelle, du moins pour quelques instants; car nous agissons au nom de la Franc-Maçonnerie.

Ce mot glaça les veines de la jeune femme.

— De la Franc-Maçonnerie! murmura-t-elle.

— Quoique nouvelle dans notre ordre, vous n'ignorez pas la prudence de nos décrets, non plus que l'esprit de sagesse qui préside à nos actions. Vous alarmer, c'est donc nous faire injure.

— Mais pourquoi des détours? Ne serais-je pas accourue de plein gré sur un appel de notre société?

— Tout vous sera expliqué, dit M^me Ferrand avec douceur.

— J'en appelle à la grande-maîtresse.

— Son autorisation est inutile ici. Toute sœur a le droit de nous requérir au nombre de quatre, sans engager pour cela notre responsabilité.

— Qui vous a requises? demanda Amélie.

Les quatre femmes gardèrent le silence.

— De sorte que je suis votre prisonnière, reprit-elle.

— Pour peu de temps.

— Mon mari s'étonnera de mon absence.

— Nous avons songé à tout; que cette considération ne vous préoccupe point.

— C'est bien, dit Amélie; je suis en votre pouvoir; j'attendrai ma délivrance de votre bon plaisir.

Lorsqu'elle se vit seule, Amélie essaya de pénétrer le mystère qui l'environnait. Sa première pensée fut celle-ci : Philippe avait-il déjà trahi le secret qu'elle lui avait confié ? Dans le même instant où elle subissait pour lui mille combats et mille remords, à l'heure où pour le sauver elle parjurait sa foi chrétienne, lui, inhabile et dédaigneux, avait-il laissé surprendre son imprudence ou son scepticisme ?

— Qui sait si maintenant on ne lui tend pas le même piège qu'à moi ! se disait-elle ; et s'il y tombe, quel compte la Franc-Maçonnerie ne me demandera-t-elle pas de ma faute ?

Cette rêverie l'absorba pendant plus d'une heure.

La pièce où se trouvait enfermée Amélie était, comme nous l'avons dit, une dépendance du rez-de-chaussée. Une fenêtre, à laquelle des barreaux avaient été posés récemment donnait sur une cour intérieure. Le mobilier était simple : d'un côté une bibliothèque, de l'autre une panoplie.

Cette panoplie dans la maison d'une femme était une particularité assez significative pour attirer l'attention d'Amélie.

Un soupçon s'empara d'elle à l'aspect de ces armes.

Était-elle bien chez une femme, en effet ?

Mais ce soupçon s'effaça au souvenir de l'honorabilité de M^me Ferrand et des trois autres femmes qui s'étaient constituées ses gardiennes.

Néanmoins elle examina en détail la panoplie, qui était du plus beau travail artistique.

Elle s'arrêta tout à coup, étonnée, devant un écusson qu'elle reconnut pour être celui de la famille de Trémeleu.

Une épée qu'elle détacha du faisceau lui offrit également le chiffre d'Irénée.

Ce nom, qui se représentait subitement à elle dans un tel lieu et dans de telles circonstances, lui inspira de mélancoliques réflexions.

— C'était l'époux que ma mère me destinait, pensa Amélie ; il était du même rang que moi. Avec lui, ma vie se fût écoulée silencieuse et digne, sans ardeurs, mais sans remords. J'ai méconnu la volonté maternelle ; Dieu m'en punit.

La journée s'acheva sans amener la délivrance d'Amélie ;

une chambre à coucher était attenante à la pièce où elle était détenue : elle y passa la nuit. On lui avait donné une camériste, ou plutôt une surveillante.

Le lendemain, vers midi, elle entendit un bruit de pas.

Cinq femmes entrèrent.

La première semblait la moins émue ; Amélie la reconnut : c'était Marianna.

Toutes deux échangèrent un regard lent, profond.

— Madame, dit Marianna, vous êtes libre.

Une telle décision n'avait pas été prise sans de longues et mûres délibérations. Les arguments de Philippe Beyle, ses intentions, son énergie bien connue, tout cela avait été discuté et mis en opposition avec les projets de Marianna. Son plan de vengeance avait dû céder devant l'intérêt de la Franc-Maçonnerie des femmes.

A ces paroles inattendues, Amélie demeura immobile et comme indécise.

— Si je suis libre maintenant, pourquoi donc étais-je prisonnière tout à l'heure ? dit-elle ; ma délivrance m'étonne autant que ma captivité.

— C'est à votre conscience qu'il appartient de vous répondre, répliqua Marianna.

Amélie se tourna vers les autres femmes, qui l'examinaient avec une sincère expression de tristesse.

— Et vous, mesdames, serez-vous plus explicites ? leur demanda-t-elle.

— Vous avez trahi notre société, murmura M^me Ferrand.

— Est-ce au témoignage de madame que vous vous en rapportez ? dit Amélie en désignant Marianna par un mouvement de tête méprisant.

— Non.

— Alors où sont les preuves de votre accusation ?

— Votre mari sort d'ici.

— Philippe ! s'écria-t-elle avec angoisse.

— Il a parlé, et ses paroles ont été entendues de nous.

— C'est impossible !

— Madame, notre douleur égale la vôtre.

— C'est un nouveau piége. Philippe n'a pu parler. D'ailleurs, qu'aurait-il pu dire ?

Marianna sourit froidement et répondit :

— A quoi bon tant vous inquiéter, si vous êtes innocente ? Laissez là ces propos. La liberté vous est rendue ; que n'en profitez-vous ?

— Vous avez raison, dit Amélie après un silence ; je me disculperai devant la Franc-Maçonnerie des femmes.

Et s'adressant à Marianna :

— Mais auparavant, il faut que je vous entretienne en particulier, à l'instant même. Mesdames, le permettez-vous ?

— Notre rôle est fini, dit la comtesse Darcet en se retirant, suivie de ses amies silencieuses.


Certaine de leur départ, Amélie revint devant Marianna.

— Est-ce la vie de Philippe ou la mienne que vous voulez ? lui demanda-t-elle.

— Je ne veux la vie de personne, répondit Marianna.

— Il faut que votre haine se décide pourtant et choisisse entre lui et moi. Je suis lasse à mon tour de vous rencontrer sans cesse sur mon passage. Votre opiniâtreté n'a plus de nom ; et quand je songe que vous m'avez tenue prisonnière là, chez vous, je vous trouve d'une hardiesse à mériter tous les châtiments.

Cette apostrophe siffla comme une lanière aux oreilles de Marianna.

— Finissons-en, reprit Amélie. Et d'abord, pour ce qui est de la Franc-Maçonnerie des femmes et de ma trahison, sachez que vous êtes aussi bien perdue que moi.

— Laquelle de nous deux a parjuré son serment ?

— Je prouverai votre complicité. Je montrerai les lettres anonymes que vous avez fait écrire à Philippe. Ce sont ces lettres qui lui ont inspiré ses premiers doutes, et qui l'ont engagé à épier mes sorties. L'homme qui les a écrites sous votre dictée, je l'ai cherché, je l'ai découvert. Vous l'aviez payé, je l'ai enrichi. Il témoignera contre vous.

— Inventions ! murmura Marianna qui ne put se défendre de quelque trouble.

— Que vous êtes bien une femme de théâtre, dit Amélie, en haussant les épaules, et à quels misérables moyens vous ne dédaignez pas de recourir ! Je m'étonne que, me tenant en votre pouvoir, l'idée ne vous soit pas venue de me faire disparaître dans une trappe. C'eût été digne de vous.

Marianna voulut répondre.

Mais la jeune femme n'avait pas fini ; l'indignation la rendait puissante.

— Je n'ai jamais haï personne jusqu'à présent, mais il me semble que je m'y prendrais autrement que vous en pareil cas, et surtout plus hautement. La haine a sa noblesse, elle aussi. Vous ne vous en doutiez guère, n'est-il pas vrai ? Allez, vous ne méritiez pas d'être aimée de Philippe !

Ce mot était le coup de grâce.

En le recevant, les lèvres de Marianna blanchirent.

— Je ne... méritais pas... son amour ? balbutia-t-elle, partagée entre la colère et la douleur.

— Non, dit Amélie.

— Et... pourquoi ?

— Parce que vous n'avez pas su mourir à ses pieds ou le frapper aux vôtres !

Marianna baissa la tête.

— C'est vrai, dit-elle comme en se parlant à elle-même ; j'ai été barbare, ne pouvant être forte. D'où cela vient-il ? Hélas ! de mon enfance sans doute. On m'a trop tourmentée et battue pour qu'il ne m'en soit pas resté un mauvais levain. Ce n'est pas comme cela que se font les éducations dans votre monde, n'est-ce pas ? Où voulez-vous que nous autres nous apprenions ce qui est vice et vertu ? Au sortir du berceau, nous ne savons épeler que deux mots : Travail et crainte. Ensuite, si nous devenons mauvaises, on s'étonne, on s'irrite ; on ne veut pas que le sang grossier de nos pères se réveille par intervalles dans nos veines. J'en suis fâchée, madame, mais je n'ai pas été à l'école des vengeances raffinées ou superbes. Je me venge comme je peux et comme je sais ; je n'y mets pas d'amour-propre. Après cela, que j'aie méritée ou non d'être aimée de votre mari, c'est une question que vous ne pouvez guère décider, vous. Mais ce que je n'ai pas mérité, à coup sûr, c'est d'être traitée par lui avec dédain et lâcheté ; c'est d'être jouée comme un cheval et frappée comme une esclave. Fille du peuple ou fille du monde, il n'y a qu'une manière de ressentir de semblables outrages.

— Vous vous trompez, répliqua Amélie ; ce qui serait un crime vis-à-vis d'une femme légitime, n'est qu'une punition souvent exemplaire pour une femme placée en dehors de la loi et du respect. Soyez honnêtes, avant tout, si vous tenez à être traitées en femmes honnêtes. Pourquoi auriez-vous les mêmes priviléges que nous autres? Vous n'êtes que des hochets aux mains des hommes, vous le savez, vous acceptez cette situation, et vous ne voulez pas qu'un jour ou l'autre on vous rejette comme des hochets, dût-on vous briser en vous rejetant! L'orgueil ne rachète pas le malheur. Si Philippe vous a frappée dans un instant d'oubli, c'est qu'une colère supérieure à la sienne précipitait son bras. Vous auriez dû vous incliner ; mais non, vous avez voulu la lutte, la lutte obscure, vile, masquée ; la lutte avec la délation et la calomnie. Il n'est plus en votre pouvoir ni au mien d'en arrêter les effets maintenant ; nous roulerons ensemble dans le gouffre creusé par vous.

— Eh bien, tant mieux ! s'écria Marianna ; car je vous hais encore plus peut-être que je ne le hais, lui! Je vous hais pour tout le bonheur que vous lui avez donné! Je vous hais, pour votre beauté pure et calme, rivale de ma beauté inquiète et sombre ; pour votre enfance bénie, enveloppée de dentelles, couverte de baisers ; pour votre jeunesse fière et studieuse ; pour votre rang, pour votre nom, pour tous les avantages que vous a faits le hasard ! Je vous hais pour votre supériorité qui m'accable! Je vous hais enfin, parce je l'aime toujours !

— Ah ! s'écria Amélie en se redressant comme la statue de la Pudeur indignée.

— Comprenez-vous maintenant pourquoi ma haine a deux serres, et pourquoi je ne peux atteindre lui sans vous, vous sans lui ! Je l'aime, je l'aime plus que jamais !

— Madame !...

— Vous avez voulu me parler en particulier, continua Marianna ; je vous ai écoutée ; je vous ai laissé dire tout à votre aise. Vous me laisserez dire aussi, moi. J'ai appris par vous que je n'étais qu'un grain de poussière, la moindre des créatures, la proie du malheur. Soit. Ce que vous n'avez pas ajouté, je le devine : vous êtes surprise de ce que je n'aie pas demandé à la religion un refuge. Que voulez-vous ! on ne m'a pas seulement appris un *Pater* quand j'étais petite. Je vous l'ai dit : c'est toute une éducation à faire. Mais quelle que soit la sévérité de celui qui me jugera, il ne verra dans ma vie qu'un amour, qu'une faute. Je n'ai jamais aimé que Philippe, je n'aimerai jamais que lui, mais à ma manière, entendez-vous ? comme les filles de pauvres gens, brutalement, égoïstement, sans raison. C'est incompréhensible, je le sens ; mais je ne veux pas qu'il soit heureux par d'autres ; je préfère qu'il souffre par moi. Ah ! si on pouvait me le livrer malade, abandonné, sans ressources, je l'adorerais plus que je ne l'ai jamais adoré ; toutes mes minutes seraient à lui. Madame, je ne sais pas comment vous l'aimez, mais je doute que ce soit autant et mieux que moi.

Amélie n'avait jamais entendu rien de pareil.

La révélation de cette passion étrange la remplissait de stupeur.

— Tenez, ajouta Marianna qui prenait sa revanche ; il y a une chose qui, de temps en temps, me console ; il y a un souvenir qui est pour moi ce que la goutte d'eau est pour le condamné : pendant trois mois il m'a bien aimée.

— Assez, madame ! dit Amélie.

— Si vous saviez les serments qu'il m'a faits, le soir, quand sa tête s'appuyait sur mon épaule ; qu'il était alors enthousiaste et beau, mon Philippe !

— Oh ! vous allez vous taire ? s'écria Amélie.

— Pourquoi donc ?

— Parce que je vous l'ordonne.

— Vous ! dit Marianna avec un sourire railleur.

— Oh ! misérable et lâche ! murmura Amélie en s'avançant vers elle ; enfant de la boue, qui ne sait que ramasser de la boue pour insulter ! femme qui se salit pour salir !

Marianna eut un moment de réflexion.

— Voyons, dit-elle à Amélie, vous qui êtes de noblesse comme je suis de théâtre, qu'eussiez-vous donc imaginé contre une femme que vous auriez haïe comme je vous hais?

— Ne le devinez-vous pas?

— Je ne suis pas assez ingénieuse pour inventer, mais je suis assez courageuse pour ne pas reculer.

— Dites-vous vrai?

— Essayez.

Amélie alla vers la porte et y mit le verrou.

— Que faites-vous? dit Marianna étonnée.

— Vous allez voir.

Ensuite, se dirigeant vers la panoplie, Amélie en détacha deux épées contenues dans deux fourreaux de chagrin. L'une était l'épée d'Irénée.

— Devinez-vous, maintenant? dit Amélie.

— Un duel? murmura Marianna.

— Un duel.

— Nous ne sommes que des femmes...

— Nous nous haïssons comme des hommes, nous pouvons nous battre comme des hommes.

— Sans témoins?

— Chacune de nous va écrire quelques mots qui attesteront la loyauté de notre combat. Cela suffira. La survivante anéantira son écrit.

— Mais...

— Vous hésitez! J'en étais sûre, dit Amélie avec un inexprimable dédain et en jetant les épées sur une table.

— J'accepte! s'écria Marianna.

— Écrivons donc.

L'instant d'après, on eût pu voir un étrange spectacle dans cette salle, éclairée par les lueurs incertaines d'un jour pluvieux. Deux femmes, jeunes et belles toutes deux, se battaient à l'épée. Le regard flamboyant, la joue pâle et le souffle suspendu, elles s'épiaient, cherchant à se frapper au cœur. Jamais on n'eût assisté à un combat plus sobre de mouvements. L'art y était méconnu peut-être, du moins de la part de Marianna, mais l'instinct du danger la protégeait mieux que n'auraient pu le faire ses vagues souvenirs d'escrime. Amélie, justement parce qu'elle avait reçu les leçons des professeurs les plus renommés, s'exposait beaucoup plus que son adversaire. Elle invoquait des ressources de méthode à l'instant où l'autre, portant toute sa force uniquement dans son bras, lança son fer en avant et rencontra le but.

Amélie ne poussa pas un cri ; elle tomba, morte.

Marianna avait promis de renvoyer à Philippe Beyle sa femme avant deux heures ; elle tint parole.

# CHAPITRE XIX

## Charenton.

Grâce à son système de fourgon-logis, M. Blanchard, comme on l'a vu, se donnait ordinairement le plaisir de se réveiller chaque matin en présence d'un nouvel horizon. Le choix du lieu était toujours abandonné au bon goût du cocher; c'était sa grande préoccupation; il fallait éviter la monotonie des perspectives souriantes, procurer un réveil en forêt après un réveil en plaine, fournir une matinée au bord de l'eau après une matinée sur la montagne. Et que de difficultés à vaincre! Ce cocher avait fini par devenir un véritable artiste, rien qu'en cherchant ainsi l'originalité des contrastes. Du reste, M. Blanchard, qui appréciait et savait récompenser tous les genres de mérite, ne manquait pas de faire venir ce brave homme et de le gratifier chaque fois que le point de vue était heureusement choisi. Un jour, en ouvrant ses stores, M. Blanchard se voyait sur le Mont-Valérien : deux attelages de renfort expliquaient cette ascension; le lendemain, il se sentait singulièrement balancé : il était en pleine mer.

Or, il advint qu'un matin M. Blanchard, en se mettant à la fenêtre, n'aperçut qu'une haute muraille grise et nue.

Il fit la grimace d'un gourmet mal servi.

— Médiocrement réjouissant! dit-il; voyons de l'autre côté.

Et, se retournant, il vit une seconde muraille absolument pareille à la première.

— C'est plat, c'est mauvais, grommela-t-il; le goût de ce drôle se déprave. Allons, en route; vite, sortons de ce puits!

M. Blanchard agita un cordon qui, d'habitude, mettait le cocher en émoi et les chevaux au galop.

Mais le ressort était sans doute cassé, car l'immeuble ne bougea pas.

Il eut recours à un autre cordon qui devait amener son valet de chambre; mais ce nouvel appel demeura également sans effet.

La colère monta aux joues de ce sybarite de la locomotion.

— Morbleu! s'écria-t-il; ces maroufles sont-ils donc au cabaret!

D'une seule enjambée, M. Blanchard traversa le salon, l'antichambre, et il se trouva sur le marchepied.

— Holà! Poitevin, Baptiste...

La menace expira sur ses lèvres : il était en face de trois personnages vêtus de noir. A la boutonnière du plus âgé fleurissait le ruban de la Légion d'honneur. Les deux autres n'offraient de particulier qu'une attitude silencieuse, méditative, incertaine.

M. Blanchard crut naturellement avoir affaire à trois honnêtes bourgeois attirés sous les roues de son char par une puérile curiosité. En conséquence, il fit un demi-tour sur lui-même, rentra dans l'antichambre, y prit un carton et l'accrocha à l'extérieur; c'était le fameux avis conçu en ces termes : AUJOURD'HUI, RELACHE.

Les trois bourgeois ne parurent pas attacher une grande importance à l'apparition de cet écriteau. Cependant le plus âgé murmura quelques mots que les deux autres accueillirent avec des signes de tête approbatifs.

— Démence paisible, n'est-ce pas ?. et cependant vanité exagérée.

— Il s'imagine être une pièce curieuse.

— Les lettres de l'écriteau ont-elles été tracées de sa main ?

— Nous pouvons le lui demander.

D'abord stupéfait, M.. Blanchard fut pris d'une irrésistible hilarité en entendant ces étranges paroles. Pendant plusieurs secondes il se tordit sur son marchepied.

— C'est cela, ajouta le monsieur décoré ; dilatation nerveuse par le rire, joie sans motifs.

— Bravo! bravo! dit M. Blanchard, dès qu'il put articuler.

— Si nous l'interrogions sur son identité ? demanda un de ces trois observateurs.

— Il n'y a pas de danger à cela, répondit le plus âgé.

— Monsieur... prononça le premier en s'adressant à M. Blanchard.

— Oui! oui! très-bien ! dit M. Blanchard se tenant toujours les côtés.

— Voulez-vous nous faire l'honneur de nous dire qui vous êtes?

— Parfait! la scène des médecins de Molière. Ah! ah! ah!.

— Manie théâtrale ; il n'est constamment occupé que de choses de comédie...

— De bravos....

— De relâches...

— Il n'a pas répondu cependant à ma question ; permettez-moi de la lui poser en de nouveaux termes.

— Volontiers.

— Est-ce à M. Blanchard que nous avons l'honneur de parler?

— A lui-même, messieurs.

— Est-il vrai qu'il demeure dans un omnibus?

— Pas précisément, mais dans une voiture aussi grande qu'un omnibus.

— Nous permettra-t-il de visiter son domicile ?

— Avec plaisir, messieurs! répondit M. Blanchard avec des démonstrations de politesse exagérées et comme s'il donnait la réplique à des acteurs.

10

— Vous voyez, dit le vieux monsieur en s'adressant à ses compagnons ; il s'exprime fort bien ; l'aliénation n'est que partielle ; peut-être même n'y a-t-il que manie. Le traitement le plus simple est celui qui conviendra le mieux.

En ce moment, un petit vieillard pâle, les yeux hagards, les vêtements en désordre, se précipita dans l'enceinte où stationnait la voiture de M. Blanchard.

— A moi, ma garde ! mes gentilhommes ! mon épée ! donnez-moi mon épée ! s'écriait ce malheureux.

Deux robustes garçons, qu'à leur costume on pouvait reconnaître pour des infirmiers, suivaient de près le petit vieillard. L'un d'eux tenait un treillis de lin ou chemise de force, sous laquelle il s'apprêtait à le prendre comme un poisson dans un filet.

— Ah ! vous qui êtes roi comme moi, mon frère ! dit le vieillard, faites-moi justice !

— Pourquoi tout ce tapage ? demanda le personnage à la décoration.

— Monsieur le directeur, répondit l'un des infirmiers en soulevant sa casquette, nous avons beau lui promettre qu'on lui rendra ses États, il ne veut pas recevoir sa douche.

— Monsieur le maréchal, et vous, Monsieur le grand chancelier, allez replacer mon frère sur le trône qui lui appartient ! dit solennellement celui qu'on venait de qualifier du titre de directeur.

— Ah ! s'écria le petit vieillard, ivre d'orgueil et de joie ; le jour de la justice est donc enfin venu ! A cheval, messieurs, à cheval ! Tu, tu, tu, ru, ru, tu ! Hop !

Il marcha en triomphateur devant les deux infirmiers.

M. Blanchard avait suivi cette scène d'un regard plein de stupéfaction.

— Messieurs, dit-il enfin avec un accent courtois, mais légèrement ému, seriez-vous assez bons à votre tour pour m'apprendre à quelle distance de Paris je me trouve ?

— Vous êtes à cinq kilomètres environ de la barrière du Trône.

— Je crois avoir compris, poursuivit-il en descendant de son marchepied, je suis à Charenton.

— A Charenton-Saint-Maurice, ajouta tristement le directeur.

M. Blanchard promena autour de lui des regards à la fois inquiets et curieux.

Situé dans un des plus beaux paysages du monde, sur un coteau d'où la vue embrasse le parc de Vincennes et les îles de la Marne, l'hospice de Charenton élève ses innombrables arceaux qui rappellent les grands cloîtres italiens. Nous ne savons rien de plus majestueux que cet édifice, entièrement moderne du reste et d'une étendue à faire soupirer d'envie les phalanstériens. Cependant l'admiration s'apaise pour faire place à un autre sentiment dès qu'on se sait en présence de la Cité de la Folie ; la blancheur intense de ces murailles blesse les yeux, leur hauteur paraît affligeante, les grâces du paysage sont oubliées. Là vivent, comme entre parenthèses, cinq cents personnes environ, hommes et femmes, dont l'âme, à demi échappée du corps, n'y est retenue que par un dernier lien, semblable à un oiseau martyr. C'est une autre humanité à côté de l'humanité ; c'est le principe de vie triomphant dans ce qu'il a de plus absurde et de plus énigmatique, et victorieusement installé sur les ruines de l'intelligence.

Du vieux Charenton, du Charenton des lettres de cachet et des détentions arbitraires, il ne reste que quelques bâtiments, un groupe de pavillons ardoisés sur le versant du coteau. Le nouveau Charenton, tout à fait en harmonie avec les besoins actuels, ne renferme pour ainsi dire que l'aristocratie de la démence ; on n'y reçoit que des fous assez riches pour payer leur pension, ou assez célèbres jadis pour que le gouvernement la leur paye : aussi est-ce un lieu de bon goût, où les accords du piano se marient au bruit des pièces d'échecs et des cornets de trictrac, où les soins du jardinage alternent avec les travaux de broderie, où les rêves, bien qu'un peu biscornus, s'envolent méthodiquement dans les spirales bleuâtres du cigare.

Ces dernières années, si fécondes en chocs politiques, ont amené une recrudescence dans le nombre des aliénés. Nous ne parlons que de Charenton, car nous ne voulons pas entreprendre une statistique, rendue de jour en jour plus difficile par l'accroissement des maisons de santé. Cette concurrence élevée contre les établissements patronnés par l'État devait inévitablement stimuler l'imagination des spéculateurs ; une industrie, étrange au premier aspect, est née et s'est fortifiée : nous voulons parler des *commis voyageurs en fous*, qui aujourd'hui sillonnent la France et l'étranger, s'introduisent dans les familles dont un des membres n'est pas absolument sain d'esprit, offrent des avantages considérables, des rabais, une bonne exposition au midi, une nourriture délicate et les meilleurs médecins de la Faculté. Ces messieurs ont des prospectus ; ils font ordinairement deux voyages par an ; la tournée la plus importante est celle du Midi. Il y a la bonne saison et la saison morte ; il y a aussi des années où les fous *donnent* considérablement, comme autrefois les pendus en Normandie.

On arrive à Charenton en suivant une charmante allée d'arbres, le long d'un cours d'eau aux talus gazonnés et coupé d'espace en espace, par de petits ponts en bois. Au bout de dix minutes de marche, un portail grillé se présente aux regards, sur la gauche. C'est là. Vous voyez qu'après tout ce n'est pas bien effrayant ; le malheur est qu'un préjugé y veille sur le seuil.

Toute la poésie du chemin avait été perdue pour M. Blanchard, puisque le transport avait été effectué pendant son sommeil ; mais en revanche, il ne perdit pas un détail de l'architecture extérieure de l'hospice. Ainsi que beaucoup de personnes, il s'était jusqu'alors représenté Charenton sous la forme d'une maison noirâtre, cachée dans des broussailles ; il se trouvait en face d'un monument aux galeries superposées, grandiose comme un aqueduc, élégant comme un palais. Il fut surpris et ébloui.

Son examen terminé, il s'adressa au personnage âgé et décoré.

— Je viens, lui dit M. Blanchard, de vous entendre qualifier de directeur ; êtes-vous, en effet, le directeur de céans ?

— Oui, monsieur.

— Dans ce cas, et puisque je dois à une facétie de mes gens l'avantage de me trouver avec vous, me permettrez-vous, en attendant leur retour, de visiter votre établissement ?

— J'allais vous en faire la proposition, répondit le directeur avec empressement.

— Ensuite, messieurs, ajouta M. Blanchard, s'il vous plaît d'accepter à déjeuner dans ma voiture, je serai vraiment heureux de vous faire les honneurs de chez moi.

Le directeur échangea un sourire clément avec ses compagnons.

Quelques façons furent faites pour inviter M. Blanchard à passer le premier.

Il s'engagea dans l'escalier naturel et presque à pic qui monte aux bâtiments. Chaque pas déroulait à son œil charmé des nappes de verdure, des bois, des villages, des routes poudreuses et serpentines ; la Marne frétillait et brillait ; l'air s'épurait, on soupçonnait des villes à l'horizon. Les nuages étageaient leurs sommets neigeux que transperçaient par intervalles les flèches d'or du soleil.

Les visiteurs traversèrent une voûte et se trouvèrent dans le vaste préau de l'administration.

Arrivé là, le directeur fit signe à un infirmier d'approcher.

— Chavet, demanda-t-il, avez-vous préparé la chambre de monsieur ?

— Ah ! c'est monsieur qui est le nouveau pensionnaire ? dit l'infirmier en regardant M. Blanchard.

— Oui. Vous allez le conduire au 10.

Et se retournant vers M. Blanchard, le directeur lui dit d'un ton paternel :

— Vous serez très-bien ; rien ne vous manquera. La division où je vous place n'est composée que de gens absolument paisibles ; il y en a même plusieurs qui sont en voie de convalescence. Excusez-moi de vous quitter, j'ai mes occupations de directeur ; nous nous reverrons tantôt, vous dînerez à ma table. Chavet, vous entendez ? monsieur dînera à ma table aujourd'hui.

— Où faudra-t-il mettre son couvert ? demanda l'infirmier.

— Mettez-le à côté du romancier... entre le romancier et le colonel.

Le directeur allait se retirer, lorsque M. Blanchard, qui était resté muet, le retint vivement par le bras.

— Un mot, dit-il.

— Quoi?

— Qu'est-ce que cela veut dire? De qui parlez-vous?

— Chavet vous expliquera le train de la maison; c'est un de nos plus anciens infirmiers. Moi, je suis un peu pressé.

— Non, non, je veux savoir...

Le directeur regarda ses amis d'un air de plaisanterie.

— Hein? qu'est-ce que je vous disais? Toujours les mêmes! Ils veulent savoir. C'est leur mot à tous : savoir; ils ne sortent pas de là. Il est vrai que, de mon côté, j'ai les mêmes réponses depuis quinze ans. Vous allez voir.

M. Blanchard fronça les sourcils à ce langage familier.

— Une seule question, monsieur? dit-il brusquement.

— Parlez.

— Est-ce que l'on m'a conduit ici pour y être détenu?

— Pour y être détenu, non, mais pour y subir un traitement de quelques jours, nécessité par votre état d'agitation maladive, agitation dont vous ne vous rendez peut-être pas bien compte, mais qui existe, qui est constatée. Ce traitement est d'ailleurs, comme vous le verrez, la moindre des choses : il consiste dans quelques bains, dans la promenade, dans la distraction. Nous savons que dans le monde on se fait une toute autre idée de Charenton, une idée terrible; le mot seul est un épouvantail... Ce sont des contes de bonne femme, des chimères, et vous ne tarderez pas vous-même, mon cher monsieur, à revenir de ces préventions, si du moins vous les avez jamais partagées.

Ces paroles qui, comme venait de l'avouer le directeur, servaient évidemment à tous les nouveaux venus, avaient été prononcées par lui avec une affabilité, une onction qui eussent peut-être ébranlé tout autre que M. Blanchard.

Mais M. Blanchard n'était pas homme à se payer de périodes et de ménagements oratoires. Il ajouta en se contenant :

— Je veux bien prendre au sérieux votre discours, monsieur, et abonder un instant dans votre sens. Mais obligez-moi de me dire par quelle volonté j'ai été amené ici, et en vertu de quelle autorité il est possible de m'y retenir.

— Volontiers, monsieur. Les choses se sont passées dans

l'ordre accoutumé ; c'est-à-dire que votre translation a été opérée sur un certificat de votre médecin...

— Je n'ai pas de médecin.

— Lequel certificat a été envoyé immédiatement, selon l'usage, à la préfecture de police. C'est ainsi qu'on procède. Avez-vous d'autres renseignements à me demander ? Je vous prierai seulement de les formuler succinctement, car je suis attendu à l'économat.

— Je vais résumer, selon votre vœu, dit M. Blanchard avec une teinte d'ironie. Dans la supposition où cette... mystification... viendrait à me lasser au bout de quelques heures, quel moyen ai-je de la faire cesser ?

— Second discours, murmura le directeur à ses amis ; ils prétendent tous être victimes d'une mystification plus ou moins odieuse. Écoutez.

Il reprit son sourire urbain.

— Mon cher monsieur, le plus court est d'attendre la visite du médecin en chef. Lui seul peut décider du plus ou moins d'opportunité de votre mise en liberté. Cette visite a lieu tous les trois jours ; après-demain vous pourrez exposer vos justes moyens d'opposition devant lui ; il vous écoutera avec la considération à laquelle vous avez droit, et je ne doute pas que vous ne triomphiez aisément de la précipitation et peut-être même des intrigues qui vous ont amené ici.

Le directeur passa sa langue sur ses lèvres en signe de satisfaction.

— Puis-je écrire ? demanda M. Blanchard.

— Tant que vous voudrez. Seulement vos lettres devront passer sous mes yeux, et l'envoi en sera ajourné après la décision de notre savant docteur.

— Monsieur, vous vous exprimez on ne peut mieux, et votre bienveillance est excessive, dit M. Blanchard ; je n'ai rien de plus à ajouter.

— J'en étais sûr, répliqua le directeur, nous nous entendrons à merveille.

Après un échange de salutations, M. Blanchard suivit l'infirmier à la garde duquel il venait d'être commis. Il traversa plusieurs divisions, jusqu'à ce qu'ils fussent arrivés à celle qui

portait le n° 10. Sous les arcades d'une vaste cour se promenaient une trentaine d'individus, fort paisibles en apparence,
ainsi que le directeur les lui avait signalés. Les autres, com-
posant la division, étaient réunis dans la salle publique où ils
lisaient, jouaient, fumaient, selon leurs diverses aptitudes.
M. Blanchard qui, au premier moment, avait ressenti une vive
répugnance et une certaine tristesse, vit s'évanouir par degrés
ses appréhensions; rien ne semblait indiquer jusqu'à présent
qu'il fût dans une maison d'aliénés.

L'infirmier Chavet le conduisit à sa chambre; elle était
presque luxueuse : tapis, calorifère, et point de vue d'un prix
inestimable.

— Si monsieur s'habitue à la maison, hasarda l'infirmier,
monsieur aura le loisir de payer un domestique qui lui sera
exclusivement attaché et qui couchera dans une chambre voisine de la sienne.

— Ah! ah! murmura M. Blanchard.

— Nous avons plusieurs pensionnaires qui ont des valets de
chambre; entre autres, le colonel.

— Qu'est-ce que c'est que le colonel?

— C'est celui à côté de qui monsieur dînera ce soir... un
bien brave homme... seulement je préviendrai monsieur de ne
pas trop faire attention à sa manie.

— Quelle est donc sa manie?

— Il se croit empaillé, répondit l'infirmier.

— Je ne le contrarierai pas.

— Monsieur a-t-il quelque chose à me demander pour le moment?

— Non.

— Du reste, monsieur a une sonnette dans sa chambre.

Et l'infirmier Chavet s'éloigna

M. Blanchard, livré à lui-même, s'aventura avec quelque timidité dans la cour. On le regarda à peine. Les pensionnaires
avaient, pour la plupart, un air de gravité qui imposait; quelques-uns se promenaient deux à deux, et il surprit des lam-
beaux de conversation d'une lucidité et d'un bon sens incontestables. Au bout d'une demi-heure, M. Blanchart se sentit

fort embarrassé ; devait-il aborder ses nouveaux collègues ou attendre d'être abordé par eux ? Ils ne manifestaient aucune curiosité à son égard, et cela le remplissait de surprise, au point de se demander s'il était bien réellement à Charenton ou dans un athénée quelconque.

Enfin, un de *ces messieurs* vint à son secours. C'était un grand jeune homme, aux cheveux très-noirs, vêtu avec modestie.

Il dit à M. Blanchard :

— Vous êtes ici depuis peu de temps, monsieur, à ce qu'il me semble ?

— Depuis une heure à peu près.

— C'est cela. Vous trouverez le régime très-doux. Quant aux infortunés dont la compagnie vous est imposée, ils sont aussi inoffensifs que moi.

— Monsieur... dit M. Blanchard, de plus en plus confondu et les yeux fixés sur son interlocuteur.

— Je vois ce qui vous préoccupe, reprit le grand jeune homme avec un sourire ; vous cherchez sur ma physionomie des traces d'égarement ; vous n'en trouverez pas. Cela vient d'un fait bien simple et qui cependant est d'une rareté inouïe, à ce qu'on prétend : je sais que je suis fou.

— Ah ! dit M. Blanchard.

— Oui ; et cette conviction constitue à la fois ma supériorité et mon malheur. La médecine ne me pardonnera jamais ma clairvoyance.

— Puisque c'est vous, monsieur, qui m'amenez sur ce terrain délicat, oserai-je vous demander comment se manifeste votre folie, et quel en est le caractère ?

— C'est bien simple, dit le jeune homme ; je n'ai pas de folie à moi particulière : j'emprunte celle des autres, quand ils n'en ont pas besoin. Lorsque nous aurons fait plus ample connaissance, monsieur, je vous prierai de me prêter la vôtre, si, du moins, vous n'y tenez pas trop. Je paye demi-bourse ici, et mes moyens ne me permettent pas d'avoir une spécialité de folie en toute propriété. Donc, je suis un peu forcé de vivre sur le commun. Du reste, on me prête assez volontiers, je n'ai pas à me plaindre. Il n'y a qu'un instant, ce gros, qui est accoudé sur la balustrade, m'a prêté sa folie, qui consiste à se croire l'avant-dernier des Mohicans ; je viens de la lui rendre à présent, après l'avoir gardée vingt minutes, et c'est pourquoi vous me voyez dans l'état de calme parfait.

M. Blanchard restait silencieux.

Avait-il affaire à un mauvais plaisant ou à un aliéné véritable ?

Tout en se promenant avec ce jeune homme, il vit passer devant lui un individu qui paraissait très-affairé et qui alla coller une affiche sur un des piliers de la cour.

M. Blanchard s'approcha et lut ce qui suit :

### ORDRE DU JOUR.

L'an II de l'hygiène moderne.

Si du flegme chez vous la dose est excessive,
On sent maux d'estomac, de tête et de côté ;
L'estomac, abreuvé d'un torrent de salive,
Des mets les plus exquis se trouve dégoûté.
Le pouls est faible, rare, et sa marche est tardive ;
Et cette aqueuse humeur, la nuit, vous fait songer
Que vous voyez une eau prête à vous submerger.

*Nota bene.* — « Mon ami Teyssonneau se trouvait dans ce cas ; sur deux années, il resta dix-sept mois alité. Je l'ai guéri ; vous pouvez prendre vos renseignements rue Aumaire, près de la voûte. Ce n'est pas pour les trente francs qu'il me doit, le pauvre garçon ! je lui en fais bien volontiers cadeau. Sa femme était un peu mon alliée, par Gustave ; je l'ai guérie, elle aussi, d'une pituite. Évitez surtout les émotions trop fortes. »

Peu à peu, dans ce premier jour, les hôtes de la maison royale de Charenton se départirent de leur réserve vis-à-vis de M. Blanchard. Quelques-uns sollicitèrent l'honneur de lui être présentés, et le grand jeune homme se fit gracieusement leur intermédiaire.

M. Blanchard vit de la sorte passer sous ses yeux plusieurs variétés de *malades*, et des types qu'il eut bien de la peine à ne pas croire échappés des légendes allemandes. C'étaient des gens qui causaient avec le vent, qui prédisaient la ruine de la papauté ou qui se prétendaient doués de la sonorité de l'harmonica. — Un autre, après dix minutes d'un entretien fort sensé, le quitta brusquement en lui annonçant que c'était l'heure à laquelle il partait habituellement pour les Antipodes, au moyen d'un trou qu'il s'imaginait avoir creusé dans le jardin.

Il vit le fou immobile, espèce de faquir qui s'était astreint à ne faire aucun mouvement, parce que, disait-il, le temps s'était arrêté.

—J'attends qu'il se remette en route pour faire comme lui.

Telles étaient, à quelques syllabes près, les seules paroles qu'on pouvait tirer de ce maniaque, robuste gaillard qu'il fallait habiller, transporter, faire manger et coucher.

Il vit le fou arithmétique, le plus insupportable des fous, chiffre vivant, rapportant tout aux chiffres et n'agissant que par eux ; il avait remplacé les lettres de l'alphabet par vingt-quatre chiffres correspondants. En saluant M. Blanchard, il lui dit :

— 2, 15, 14, 10, 15, 21, 18.

Cela signifiait : *bonjour.*

On conçoit tout ce qu'une conversation avec un tel être devait avoir de fatiguant. Lui, cependant, semblait ne pas s'en apercevoir ; sa volubilité était excessive ; il mêlait les chiffres et jonglait avec eux comme un jongleur avec des boules.

M. Blanchard s'empressa de quitter cette colonne d'addition.

Il vit encore des inventeurs foudroyés par leur invention, et qui traçaient machinalement sur les murs des lignes mystérieuses ; ceux-là ne fréquentaient personne ; la fixité de leurs regards et de leur attitude disait l'unité de leur malheur. M. Blanchard passa avec respect devant ces victimes de l'Idée.

Le grand jeune homme, qui s'était institué son cicérone, l'engagea à entrer dans la salle de réunion.

Une partie de billard était engagée ; la galerie se pressait à une distance respectueuse des deux joueurs.

— La bille en tête et les trois bandes, dit le premier en accusant son coup.

— Gare au *contre :* repartit le second ; à ta place, je jouerais l'*effet.*

On se serait cru dans un café du Palais-Royal.

Un vieux monsieur aux mouvements presque automatiques, et qui s'obstinait à garder deux épaulettes sur son habit noir, toucha doucement l'épaule de M. Blanchard. Celui-ci se retourna et crut deviner ce colonel dont le portrait lui avait été tracé par l'infirmier.

— Pardonnez l'extrême licence que je prends, lui dit ce nouvel excentrique, d'une voix adoucie à dessein.

— Il n'y en a aucune, monsieur.

— Vous m'avez semblé un homme de goût, et mon désir le plus vif serait de vous consulter.

— Sur quel sujet ? demanda M. Blanchard.

— Je suis convaincu à l'avance que vous ne verrez pas dans mes paroles un texte à railleries... comme les autres..

— Certainement non.

— Me trouvez-vous bien empaillé ?

— Mais... pas mal.

— Eh bien, moi je ne suis pas content, dit le colonel avec une profonde expression de tristesse.

— Peut-être êtes-vous trop exigeant.

— C'est ce que tout le monde me dit, mais je sais par malheur à quoi m'en tenir. On empaillait bien mieux autrefois. Je ne durerai pas dix ans.

— Oh ! si !

— Non ; on a lésiné sur les matières premières. J'ai déjà été plusieurs fois obligé de me raccommoder moi-même. Et puis, il me reste de l'odeur.

— Vous vous trompez, dit M. Blanchard.

— Auriez-vous par hasard un peu de paille dans vos poches ?

— De la paille? Non.

— Tant pis; vous m'en auriez mis dans les oreilles. Rendez-moi le service d'en prendre partout où vous pourrez. Moi, de mon côté, je vais demander à l'infirmerie une aiguille et du fil. Hélas! je sens que je me découds tous les jours!

Sur cette parole mélancolique le colonel s'éloigna par petites saccades.

— D'où lui vient cette bizarre idée? demanda M. Blanchard à son cicérone; se prend-il pour un oiseau ou un quadrupède?

— Pas le moins du monde; son unique ambition est de figurer au musée d'artillerie.

M. Blanchard n'en était plus à se récrier; tout commençait à lui paraître naturel.

— Si vous êtes désireux de connaître un pensionnaire complétement persuadé, celui-là, de son animalité, regardez de ce côté, dit le grand jeune homme. Voyez-vous cet individu qui affecte là-bas une pose menaçante et exaspérée? Je suis sûr qu'en ce moment il croit représenter le dragon de saint Michel. C'est un fou, comme vous et moi.

— Je vous remercie, dit tranquillement M. Blanchard.

— Il croit avoir seul le monopole d'incarner tour à tour les animaux célèbres. Hier, il s'est réveillé en nous assourdissant d'un *cocorico* éclatant comme un son de trompette: il se figurait être le coq de saint Pierre. La veille, il avait été le bœuf de saint Luc, et il avait grogné en conséquence. Il n'est pas tous les jours aussi pieux, et ses excursions dans la mythologie sont assez fréquentes. J'ai même plusieurs motifs de croire qu'il a été renfermé ici pour s'être cru trop indiscrètement le cygne de quelque Léda moderne. Mais cela ne me regarde pas.' Tantôt vous l'entendrez hennir comme Bucéphale ou vous le verrez ramper comme l'araignée de Pélisson. Il vous proposera une partie de dominos comme Munito. L'autre jour, il m'a sauté à la gorge en me prenant pour le chevalier Macaire, et en se mettant à la place du chien de Montargis; mais, le lendemain, il s'est grandement repenti en pleurant comme la biche de Geneviève de Brabant.

11

— Tous ces fous sont fort ingénieux, remarqua M. Blanchard.

— Ils n'ont que cela à faire, ajouta modestement le jeune homme aux cheveux noirs.

— C'est vrai ; mais j'en vois quelques-uns qui lisent ce qu'on appelle *les grands journaux*. Est-ce qu'on ne craint pas d'éveiller chez eux les susceptibilités politiques?

— Oh! non. D'abord, les fous politiques, proprement dits, sont classés dans une autre division, qu'ils occupent tout entière. Les fous de notre division, de la division n° 10, n'ont que de la curiosité et pas de passion. On leur permet de s'abonner eux-mêmes, et pour leur compte, à toutes les feuilles périodiques. Quant à moi, mes ressources modiques m'interdisent une telle félicité.

Cette première journée ne parut à M. Blanchard ni longue ni ennuyeuse; au contraire. La tournure de son esprit s'accommodait de ce milieu fantasque où se mouvait l'essaim des rêves personnifiés. Ne voulait-il pas d'ailleurs aller en Turquie? n'avait-il pas précédemment exprimé le désir de visiter les pays où les femmes sont voilées et où les hommes sont armés? Il devait être content, ce nous semble. Charenton lui donnait un avant-goût de Constantinople.

Au dîner, il se trouva placé, comme on l'en avait prévenu, entre le colonel et le personnage qu'on appelait le romancier. C'était un honneur de dîner à la table du directeur, et cet honneur était accordé à tour de rôle à ceux qui avaient su le mériter par une conduite et une docilité exemplaires. Ce jour-là, une trentaine de pensionnaires d'élite avaient été invités. Le directeur reconnut de loin M. Blanchard et lui fit un signe amical de la main.

Dès que M. Blanchard se fut assis, le romancier engagea la conversation et se pencha à son oreille; voici ce qu'il lui dit :

— « Par une belle matinée du mois de juin, un cavalier suivait lentement les bords de l'Escaut ; sa physionomie respirait un air de franchise et de valeur ; son panache ondoyait au gré du vent... »

— Je connais, je connais! dit M. Blanchard en l'interrompant.

— C'est dommage, murmura le romancier; mais j'en ai d'autres. « O ma Juana, jure-moi que tu ne seras jamais à d'autres qu'à ton Pablo! Ainsi s'exprimait dans une sierra d'Aragon, un jeune homme qu'à son air martial et décidé, à sa veste ornée de broderies, il était facile de reconnaître pour un muletier.... »

— Je connais cela aussi.

— Vous êtes difficile.

En ce moment, un fou se leva avec vivacité et vint répandre une petite poudre dans l'assiette de M. Blanchard.

— Qu'est-ce que c'est? qu'est-ce que c'est? s'écria celui-ci en faisant un bond.

— Goûtez votre potage maintenant, lui dit le fou qui avait regagné sa place.

— Eh bien, monsieur Corbulon? dit sévèrement le directeur.

— Qu'a-t-il mis là-dedans? demanda M. Blanchard à son voisin le colonel.

— Rien de malfaisant. C'est un original qui s'imagine avoir retrouvé la recette de l'ambroisie.

— Va-t-il recommencer son manége pour tous les plats?

— Oh! non.

— « Dans la rue de la Grosse-Écritoire, à Rheims, l'observateur eût remarqué, il y a trente ans environ, une maison d'obscure apparence, construite dans le style lombard. A l'une des étroites fenêtres, qui avaient scrupuleusement gardé leurs carreaux encadrés de plomb, apparaissait par intervalles une ravissante tête de jeune fille... »

C'était le romancier qui s'était penché de nouveau vers M. Blanchard.

— J'ai lu ce début pas plus tard qu'avant-hier, se hâta de dire celui-ci.

— On me l'aura dérobé.

— C'est probable.

Pendant ce colloque, un fou placé en face de M. Blanchard lui avait effrontément enlevé sa côtelette.

M. Blanchard voulut se récrier.

— Ne dites rien, lui dit le fou ; je suis invisible.

— « Corne-bœuf! Pasques-Dieu! la sambregoi! mes cava-liers, je jure qu'il en restera au moins quatre de vous sur le carreau! s'écria l'épais Amaury en soulevant lourdement son hanap ciselé... »

— Assez! assez, de grâce! dit M. Blanchard, que la mauvaise humeur commençait à gagner.

— C'est un épisode de la guerre des Albigeois, murmura le romancier confus.

Depuis quelques minutes, M. Blanchard prêtait l'oreille à un bruit qui l'inquiétait, une espèce de grattement, qui partait du côté du colonel.

— Entendez-vous? dit M. Blanchard.

— Chut!

— C'est donc vous?

— Oui, répondit le colonel ; faites comme moi, je tire de ma chaise autant de paille que je peux.

— Mais elle va se défoncer.

— Soyez tranquille.

— « Le général de Moranges n'était pas un de ces hommes ordinaires qui, après avoir affronté le feu des batailles, s'en vont paisiblement, retirés au fond d'un château, tourner le fuseau d'Hercule aux pieds d'une Omphale de sous préfecture. C'était une âme de bronze... »

— Ah! vous devenez fatigant, mon cher! s'écria M. Blanchard.

— La suite au prochain numéro, dit le fou en baissant la tête.

Aucun autre incident ne signala le dîner. Il était impossible que la conversation se généralisât. Le dessert achevé, on ramena les pensionnaires à leurs divisions respectives, où, après une séance assez animée dans la salle de réunion, chacun d'eux se retira, selon son degré de fortune, dans le dortoir commun ou dans la chambre qui lui était particulière.

Privé de sa voiture pour la première fois depuis un an, M. Blanchard se coucha avec un dépit réel dans la cellule qui lui avait été affectée. En découvrant son lit, il aperçut sous l'édredon une feuille de papier qu'on y avait sans doute glissée pendant son absence.

L'ayant dépliée, il lut ce fragment fraîchement écrit, sinon fraîchement inventé :

« Pitié pour Amanda ! Si elle fut coupable, que sa faute retombe sur moi seul ! J'étais ton ami, j'ai pu l'oublier ; sans doute mon crime est grand, mais il n'est peut-être pas sans excuse. Amanda était si belle, et tu étais si imprudent ! Que de promenades délicieuses nous avons faites, elle et moi, au bord de la Nièvre, à l'heure où le soleil se couche dans les nuages empourprés ! Ton souvenir, il est vrai, passait souvent entre nous comme un remords, mais il était vite chassé. Pauvre ami, je n'ai pas osé soutenir ta vue ; mais je tremble pour Amanda ; sois grand, sois généreux, sois magnanime ; pitié pour elle ! pitié ! pitié ! »

M. Blanchard n'eut pas de peine à reconnaître, dans ce style d'une banalité insoutenable, son voisin le romancier. Il replia le fragment sans en terminer la lecture ; puis, il s'endormit en rêvant à son étrange aventure, dont il attendait le dénoûment, *sans le désirer ni le craindre,* comme dit le poëte.

# CHAPITRE XX

## La visite du médecin

La seconde journée n'offrit de remarquable à M. Blanchard qu'un bal de fous. Il est d'usage à Charenton de réunir, à de certaines époques de l'année, les pensionnaires des deux sexes dans une soirée dansante et musicale. M. Blanchard eut la chance, dès son arrivée, de pouvoir assister à l'une de ces fêtes vraiment originales ; il fit connaissance avec quelques fous des autres divisions, et les présentations eurent lieu avec une gravité du meilleur air. L'habit noir était d'obligation ; il n'y avait à reprendre au goût des costumes qu'une exubérance trop sensible de décorations illusoires, teues que crachats, brochettes et cordons. A part ces témoignages d'une innocente vanité, la physionomie du bal ne laissait rien à désirer sous le rapport de la convenance et de l'élégance.

C'était surtout la partie féminine de l'assemblée qui attirait l'attention de M. Blanchard : il y avait là de jeunes et gracieuses personnes, dont l'attitude et les paroles eussent fait illusion dans tous les salons ; quelques-unes d'entre elles chantèrent des romances à la mode; et cependant il lui semblait qu'aux premières lueurs du jour la note allait tout à coup se briser sous leurs doigts, qu'elles-mêmes s'évanouiraient et se réduiraient en vapeur, et que les plus attardées regagneraient d'un pas chancelant l'atelier de poupées de Nuremberg d'où elles étaient sorties. Il n'en fut rien. Le bal de Charenton se termina aussi prosaïquement que les bals de la Chaussée d'Antin et de la bourgeoisie. Les fous s'inclinèrent respectueusement devant les folles ; quelques-unes de celles-ci étaient attendues au dehors par leurs femmes de chambre, qui jetèrent sur leurs épaules des mantelets de satin garnis de fourrure, et les aidèrent à traverser rapidement l'espace qui les séparait de leur bâtiment réservé.

Le jour de la visite du médecin trouva M. Blanchard dans un léger état d'irritation. Comme pour aggraver cet état, le hasard voulut qu'il n'eût affaire ce jour-là qu'au médecin adjoint, le titulaire étant empêché. Ce médecin adjoint était d'ailleurs un homme d'honnêtes manières, qui reçut M. Blanchard avec des égards tout particuliers.

— On m'a beaucoup parlé de vous, monsieur, dit-il, et je suis aise de me rencontrer avec un homme dont les originalités ont toujours été marquées au cachet de l'esprit.

— Originalités, originalités! murmura M. Blanchard, dont le mécontement s'accrut à ce début; je n'ai jamais brigué ni mérité le titre d'original.

— J'entends original à la façon de Brancas, d'Alcibiade; ingénieux, si vous préférez un autre terme.

— Monsieur, laissons là mon originalité, et souffrez que je vous adresse une question sur laquelle probablement vous devez être blasé, mais que je ne puis en conscience vous épargner. Pourquoi suis-je detenu ici ?

— Vous êtes de ceux avec lesquels le subterfuge serait inutile et indigne, répondit le médecin ; votre grande éducation, et surtout la lucidité parfaite où je vous vois en ce moment, tout me fait un devoir de vous répondre avec franchise et netteté. M. Blanchard, quelques-uns de vos derniers actes ont

absolument échappé à votre conscience ; j'ai le regret de vous
en instruire.

— Pouvez-vous me citer ces actes ?

— Votre dossier est un peu volumineux, dit le médecin en
feuilletant une liasse de papiers placés sur son pupitre.

— Ah ! j'ai un dossier ? dit M. Blanchard en qui ce mot causa
une désagréable impression.

— Dans ces quinze derniers jours surtout, le journal de
votre existence, tracé par une main amie, offre des épisodes
qu'il paraît difficile d'expliquer autrement que par un déran-
gement momentané des facultés cérébrales.

— Continuez, monsieur, je vous en prie.

— Par exemple, vous avez séjourné sur des arbres... vous
vous êtes travesti en homme du peuple... vous avez fatigué de
vos instances indiscrètes tous les habitants d'un quartier...
vous avez tenu enfermé pendant plusieurs jours, après lui avoir
fait oublier sa raison, un jardinier... De telles actions appartiennent à un ordre trop romanesque pour être admises dans
la vie réelle.

M. Blanchard écoutait en silence.

— Pourtant, reprit le médecin en tournant son fauteuil vers
lui, cela pourrait peut-être à la rigueur ne pas justifier complétement la mesure dont vous vous plaignez ; mais vous avez été
plus loin, rappelez-vous-le : vous avez été surpris, la nuit,
dans une maison où vous êtes entré par escalade. Votre nom
et votre fortune vous ont mis à l'abri d'un soupçon déshono-
rant, mais la santé de votre jugement en a reçu une grave
atteinte. Il y avait deux partis à prendre : le premier était de
vous livrer à la justice, le second était de vous confier à la
médecine ; c'est le second que l'on a choisi.

— Alors, vous croyez que je suis fou ?

— Je ne puis ni ne veux répondre aujourd'hui à une demande d'une pareille importance. C'est trop peu d'un seul entretien. Ce qu'il m'est permis de vous dire quant à présent, en
toute conviction, c'est que, si vous n'êtes pas un fou, vous
avez agi comme un fou.

— N'admettez-vous pas que des motifs mystérieux, quoique

raisonnables, aient pu motiver ma conduite pendant ces quinze derniers jours ?

— Faites connaître ces motifs ; mon devoir est de les apprécier, et s'ils plaident en faveur de votre bon sens, nul plus que moi n'est disposé à vous faire rendre justice.

M. Blanchard éprouva pour la première fois un sérieux embarras. Il ne lui était pas difficile de reconnaître la vengeance de la Franc-Maçonnerie des femmes dans le coup qui l'atteignait ; mais il lui était impossible de parer le coup immédiatement, car il se sentait lié par l'engagement qu'il avait pris avec Philippe Beyle, lors de leur rencontre sur le boulevard des Invalides. « Donnez-moi votre parole d'honneur, avait dit Philippe, que vous ne révélerez à personne ce que vous aurez vu avant de me l'avoir révélé à moi. » M. Blanchard avait donné sa parole. Or, pour sortir de Charenton, c'est-à-dire pour fournir au médecin des explications satisfaisantes sur son aventure, il lui était indispensable de se dégager vis-à-vis de Philippe Beyle.

— Avant de confier à votre loyauté un secret dont la révélation entraînera ma mise en liberté, j'ai besoin d'écrire à Paris, dit M. Blanchard.

— Vous connaissez sans doute les usages de la maison ? répondit le médecin ; votre lettre doit m'être soumise avant de parvenir à son adresse. Mais si vous ne tenez pas à perdre de temps, écrivez-la sous mes yeux.

— Soit, dit M. Blanchard.

Il traça les lignes suivantes :

« Maison royale de Charenton.

« Je vous vois d'ici, mon cher monsieur Beyle, ouvrir des yeux étonnés en lisant les premiers mots de ce billet. Mon Dieu ! oui, je suis aux *Petites-Maisons*, comme disaient nos pères ; tout ce que j'ai pu imaginer, dans mon horreur des usages et des coutumes, sert aujourd'hui à ma confusion. Seulement j'ignore qui m'a procuré ce voyage imprévu, qui a payé les guiles ; je soupçonne qu'on aura acheté l'autorisation d'un mien neveu, mon unique parent. Voilà pour le côté pratique de cet enlèvement, digne du plus beau temps des prisons d'État. Maintenant, si je m'avise de chercher dans l'ombre la main qui a refermé sur moi les portes du monde soi-disant raisonnable, je la vois petite, blanche et gantée...

» Venez bien vite, mon cher diplomate ; je vous expliquerai comment vous êtes le principal obstacle à ma délivrance. Au nom de Salomon de Caux, du Tasse, de Latude et de tant d'autres de mes prédécesseurs, venez, si vous ne voulez pas que j'ajoute bientôt à ce martyrologe illustre le nom de votre infortuné serviteur

» BLANCHARD

» Division n° 10. »

Cette lettre fut envoyée immédiatement ; mais Philippe Beyle ne put en prendre connaissance, car, à la suite de la catastrophe qui avait terminé les jours de sa femme, une fièvre dangereuse s'était emparée de lui.

Surpris de ne recevoir aucune réponse, M. Blanchard écrivit une seconde lettre, puis une troisième. « Je vous ai fait une promesse qui me gêne horriblement, lui disait-il ; la situation est sérieuse pour moi : il s'agit de savoir si je suis ou si je ne suis pas fou. J'attendrai encore une semaine, mais si, après ce délai, vous n'êtes pas venu me dégager de ma parole, je serai forcé de passer outre et de *faire des révélations*, comme on dit en style de cour d'assises. Où diable pouvez-vous être ? Vous serait-il arrivé quelque chose d'analogue à mon accident ? Je tends les bras vers vous comme vers un autre Malesherbes ! »

Le même silence ayant accueilli cette missive, M. Blanchard se décida à demander un entretien secret et solennel au médecin en chef de Charenton.

Dans cet entretien, il raconta minutieusement ses explorations et ses découvertes autour de la cité des Invalides : il avait assisté, caché, à une réunion clandestine de femmes ; il avait reconnu Amélie, Marianna, la marquise, Pandore et une foule d'autres encore ; il avait entendu des secrets capables de troubler la tranquillité de plusieurs familles. Il termina en accusant hautement ce sanhédrin en robes de soie d'avoir attenté à sa liberté pour prévenir ses indiscrétions.

Le médecin l'écouta en souriant, de l'air d'un amateur qui entend une ariette pour la centième fois.

Lorsque M. Blanchard eut achevé ses aveux, il chercha dans le dossier et y prit une feuille de papier numérotée.

— Vous voyez bien cette feuille ? dit-il.

— Oui, répondit M. Blanchard.

— Eh bien, tout ce que vous venez de me raconter y était écrit à l'avance.

— Qu'est-ce que cela prouve ?

— Cela prouve que votre manie est connue, qu'on en attendait l'explosion, et que l'explosion vient d'avoir lieu.

M. Blanchard pâlit.

— Alors ce que je vous ai révélé vous laisse incrédule ? demanda-t-il.

— Absolument, dit le médecin.

— Cette ligue de femmes ?...

— Illusion pure !

— Mais mon affirmation, mes yeux, mes sens !

— Aberration, délire passager.

— Monsieur !... s'écria M. Blanchard chez qui la colère se fit jour à la fin.

Le médecin agita un cordon de sonnette qui amena un infirmier.

— Chavet, attendez là mes ordres, dit froidement le médecin.

M. Blanchard avait eu le temps de se remettre.

— Faites retirer cet homme, dit-il avec émotion, je promets de me modérer.

Dès que l'infirmier fut parti :

— Monsieur, dit M. Blanchard au médecin, je vous crois honnête homme. Bien que vous soyez fatigué de réclamations semblables à la mienne, il est cependant des fibres chez vous qu'on peut faire vibrer. En dépit de la certitude apparente de vos renseignements, veuillez supposer qu'il ait été possible de surprendre votre bonne foi.

— Je consens à cette supposition, monsieur ; où voulez-vous en venir ?

— Vous êtes marié, n'est-ce pas ?

— Oui, monsieur, dit le médecin, étonné de se voir lui-même mettre en jeu par son sujet.

— Eh bien ! si à mon tour, je vous affirmais sur l'honneur avoir vu votre femme à cette assemblée, que m'objecteriez-vous ?

Le médecin parut se recueillir, puis, après quelques moments :

— Monsieur, je vous répondrais d'abord que cela m'importe peu, parce que ma confiance en ma femme est illimitée, et ensuite que cela n'importe pas du tout à votre cause. Des femmes se réunissent et choisissent pour lieu de réunion un endroit solitaire ; pourquoi vous arrogez-vous le droit de venir les y troubler ? Les œuvres qu'elles y accomplissent tombent-elles sous votre juridiction ? Êtes-vous un magistrat ou un simple particulier ? Et quel autre intérêt que celui d'une curiosité puérile vous a guidé dans vos prétendues découvertes ?

M. Blanchard demeura abasourdi.

Le médecin continua :

— Vous me parlez d'une Franc-Maçonnerie de femmes ; mais monsieur, je n'ai jamais ignoré, et la justice non plus, n'a jamais ignoré l'existence de cette Franc-Maçonnerie. Vos révélations ne sont rien moins que nouvelles ; c'est comme si vous veniez nous dénoncer en grand mystère les bureaux de bienfaisance et le mont-de-piété.

Les regards de M. Blanchard se portèrent sur le médecin avec un égarement réel.

— Tenez, monsieur Blanchard, reprit celui-ci, voulez-vous me permettre de vous donner un conseil?

— Avec reconnaissance, monsieur.

— Renoncez à cette étrange idée qui vous porte à croire que vous avez mis la main sur un mystère de Paris. Ne vous substituez pas à la justice. Laissez se réunir autant qu'il leur plaira vingt femmes, cinquante femmes. En un mot, chassez un souvenir qui a accaparé jusqu'à présent une trop grande portion de votre intelligence; repoussez une préoccupation qui pourrait devenir exclusive; rentrez dans le cercle des habitudes et des idées usuelles. Oubliez, votre liberté est à ce prix.

Le médecin s'était levé sur ces derniers mots; c'était une façon polie de congédier M. Blanchard.

Mais celui-ci n'était pas entièrement satisfait.

— Au risque de paraître complètement aliéné, lui dit-il, il me reste à faire un dernier appel à votre loyauté. Je ne crois pas être fou; c'est un fait acquis pour moi, — ne souriez qu'à demi. D'un autre côté, votre omnipotence en cette maison ne saurait être révoquée en doute. En présence de ces deux faits, mon embarras est grand; par ma famille, par moi-même, par ma fortune, j'ai conservé dans le monde des influences qu'il ne me serait peut-être pas impossible de mettre en jeu. Une considération m'arrête : je ne veux pas heurter ma résistance contre votre conviction. Dans cette conjoncture, soyez le juge. Je me remets entre vos mains avec confiance; agissez selon votre cœur et selon votre honneur.

— Je vous remercie de cette marque d'estime, dit le médecin; j'ai tout lieu d'espérer que vous n'aurez pas à vous en repentir.

Ils se séparèrent sur ces paroles.

La Franc-Maçonnerie des femmes avait triomphé jusque dans Charenton. Cela n'était pas douteux pour M. Blanchard. Il crut prudent de laisser passer l'orage qu'il avait allumé.

Mais dans l'intervalle, un phénomène se déclara en lui, si exceptionnel, que notre plume, exercée cependant à toutes les analyses, hésite à en décrire les phases. Le mieux est peut-

être d'aborder de front la difficulté et de dire simplement :
M. Blanchard s'habitua peu à peu à Charenton. Après avoir
roulé dans sa tête toutes sortes de plans d'évasion, après avoir
rêvé de faire des échelles de corde avec ses draps et de percer
des souterrains avec un clou, une réaction bizarre s'opéra dans
son esprit. Il découvrit un beau matin qu'il se portait à merveille, que l'air du canton lui plaisait infiniment, qu'il s'ennuyait
moins qu'au Club, et qu'à tout prendre Charenton valait bien
les Eaux-Bonnes ou même une villa florentine.

La monotonie, qu'il redoutait tant, évita de l'atteindre dans
cette habitation toute acquise aux sursauts de la vie physique
et morale. Il ne se passait pas d'heure qu'un pensionnaire
ne vînt lui narrer un épisode digne d'intérêt à plusieurs
points de vue ou lui poser une question dont la portée philo-
sophique ne laissait pas que de se dégager sous une forme
inusitée. Son cerveau se remplit petit à petit de nouveaux casiers, et dans ces casiers s'installèrent avec le temps des idées
d'un ordre inaccessible pour d'autres que pour lui seul. Un spi-
ritualisme particulier l'envahit à son insu, et devint insensiblement le seul élément possible de sa félicité. Observateur acharné
où donc eût-il rencontré des sujets d'étude plus variés, des sour-
ces de sensations plus fécondes ? Il n'y avait guère qu'une seule
différence entre le monde et Charenton, et cette différence
était toute à l'avantage de ce dernier endroit : c'est que là, du
moins, les défauts, les vices, marchaient à visage découvert,
presque fiers d'avoir anéanti la raison, qui les gênait.

Sentait-il germer en lui un grain de satiété, il sollicitait et
obtenait aisément son changement de division. A voir arriver
un nouveau pensionnaire, M. Blanchard éprouvait particulièrement une satisfaction fort vive. On a prétendu qu'afin de peu-
pler sa résidence selon ses désirs et ses goûts, il avait eu quelques conférences avec un de ces commis voyageurs dont nous
avons fait mention plus haut, et qu'il lui avait promis une prime
assez ronde pour chaque nouveau fou qu'il dirigerait sur Charenton.

Cet amour pour la vie en marge de la société fut poussé à un
tel point, qu'au bout de quelque temps M. Blanchard ne songea
plus à réclamer sa liberté. Il est vrai de dire aussi qu'on ne

songea pas à la lui offrir. Quelques-uns de ses amis cependant parvinrent à découvrir sa retraite et entreprirent de lui faire visite ; mais il leur fut répondu que M. Blanchard n'attendait et ne voulait recevoir personne. Cela était vrai.

M. Blanchard avait-il perdu la raison et trouvé en échange le bonheur après lequel il courait depuis si longtemps ?

Érasme dirait : Oui. Nous nous contenterons de dire : Peut-être ! comme Montaigne.

# CHAPITRE XXI

### Dernière entrevue.

Un matin, un homme vêtu de noir, triste, sévère, et dont la pâleur accusait une longue convalescence, se présenta chez M^me la marquise de Pressigny.

C'était Philippe Beyle.

Elle lui tendit la main sans mot dire; mais lui resta debout et ne parut pas s'apercevoir du mouvement de la marquise.

— Qu'avez-vous, Philippe ? lui demanda-t-elle; est-ce que les larmes que nous avons versées sur l'ange qui n'est plus n'ont pas cimenté entre nous les liens de famille ?

— Les larmes que nous avons versées, madame, avaient une source différente. Les vôtres jaillissaient sans doute du repentir.

— Du repentir, Philippe ? je ne comprends pas vos paroles.

— N'êtes-vous pas le premier auteur de la mort d'Amélie ?

— Moi ! s'écria la marquise stupéfaite.

— Si ce n'est la tante, c'est du moins la grande-maîtresse.

— Silence, Philippe! un pareil mot dans votre bouche est imprudent.

Il sourit avec dédain.

— Je ne crains rien, madame ; et je vous dis hautement que c'est votre franc maçonnerie qui a tué ma femme.

— Oh! taisez-vous, ou je finirais par douter de votre raison.

— Ce ne doit pas être cependant la première fois que les remords s'éveillent en vous. Quelquefois l'image d'Amélie a dû vous apparaître pour vous accuser, sinon pour vous maudire.

— De quoi m'accuserait-elle ? murmura la marquise.

— N'est-ce pas vous qui, abusant de votre autorité, l'avez entraînée dans l'antre ignominieux où elle devait trouver la mort ?

— Philippe, vous oubliez que vous parlez chez moi.

— Et de quel nom voulez-vous que j'appelle le lieu où, dans une confusion détestable d'idées et d'intérêts, les anges du foyer se rencontrent avec les larves de la rue ? Quoi! songer sans effroi qu'à de certaines heures les femmes les plus intelligentes et les plus délicates, les divinités de la famille, les muses des entretiens aimables et élevés, désertent leur salon et deviennent, dans une communauté de sentiments, les égales de ces créatures dont le nom est une fanfare et la vie un scandale ! Allons, madame, n'essayez pas de défendre un lien aussi honteux.

— Je l'essayerai pourtant, répondit la marquise ; en entrant dans le lieu de nos réunions, on cesse d'être une individualité. Interdisez-vous l'entrée de vos temples aux Madeleines et aux Ninons? Croyez-vous vos femmes et vos sœurs déshonorées parce qu'à la porte d'une chapelle l'eau bénite leur aura été offerte par une pécheresse? Non; eh bien! les œuvres que nous accomplissons dans notre ordre sont assez méritoires pour nous purifier de tout contact fangeux.

— Pas d'équivoque, madame : ou vous êtes avec la société, ou vous êtes contre la société.

— Nous sommes avec les faibles contre les forts; nous sommes avec les victimes contre les oppresseurs.

— Orgueil et mensonge ! dit Philippe ; la justice est avec le droit dans l'encrier du procureur, la force est avec la loi dans les bras du juge; quiconque invoque l'un ou l'autre est certain d'être entendu. Hors de ces pouvoirs, il n'y a de force que dans l'arme du crime, il n'y a de justice que dans les associations ténébreuses : l'épée de Marianna et les arrêts de la Franc-Maçonnerie des femmes !

— Vous allez trop loin, monsieur, dit la marquise de Pressigny.

— Voilà votre force et votre justice ! Toutes deux sont admirables. Et vous, qui avez osé vous attribuer la part la plus haute de cette effrayante responsabilité, êtes-vous donc bien en garde contre votre conscience ? Ne se révolte-t-elle donc jamais contre les trames que vous autorisez, contre les actes qui se font en votre nom ? Grande-maîtresse de la Franc-Maçonnerie, c'est un beau titre, en effet; il est dommage qu'il soit obscurci par une tache de sang.

— Assez, Philippe ! dit-elle.

— Laissez donc ! la Franc-Maçonnerie des femmes n'a pas rien que des juges; il lui faut aussi des sbires et des bourreaux; c'est un grand corps organisé; je vous en fais mon compliment.

— Monsieur, répondit la marquise offensée, il n'y a que vous de coupable en tout ceci; vous qui avez toujours manqué de générosité, de grandeur et d'élan; vous qui avez impitoyablement arraché à la pauvre Amélie l'aveu d'un serment auquel elle n'avait consenti que pour vous protéger.

— Me protéger?

— Vous le savez bien. Vous avez eu dans votre jeunesse un de ces attachements que le monde excuse quand il est dénoué loyalement : il pouvait laisser des regrets d'une part, mais il ne devait pas laisser de haine. Pourquoi donc Marianna vous a-t-elle haï? Parce que vous avez été sans pitié pour elle.

— J'étais jeune, madame ; voilà mon excuse, répondit Philippe Beyle.

— Et quand donc doit-on être bon et loyal, si ce n'est quand on est jeune ?

Il garda le silence.

— Ce fut pour vous préserver de cette juste haine, reprit la marquise de Pressigny, que votre femme entra dans une so-

ciété dont elle n'aurait probablement jamais fait partie sans
cette circonstance. Si c'est un crime de ma part de l'y avoir
entraînée, je consens à ce que ce soit vous qui m'en fassiez le
reproche.

— Eh ! madame, que ne me laissiez-vous exposé à la haine
de Marianna ! J'aurais mieux aimé cela. Aux mauvais jours de
ma vie, j'ai souvent rencontré devant moi le canon d'un pistolet, j'ai vu bien des embûches se dresser sur ma route, j'ai dû
avoir raison de bien des trahisons ; vous voyez pourtant que je
suis toujours vivant. La vengeance de Marianna ! mais je l'eusse
attendue de pied ferme, entre l'amour de ma femme et ma
propre dignité. Et quand même j'aurais dû succomber dans
cette lutte, eh bien, je serais mort en plein bonheur et en plein
honneur !

Un silence suivit ces paroles.

La marquise de Pressigny le rompit la première.

— Enfin, monsieur, mes meilleures intentions m'auront été
doublement funestes.

— Comment cela, madame?

— J'ai perdu ma nièce et j'ai trouvé un ennemi.

— Un désapprobateur.

— Si j'ai bien compris cependant, la Franc-Maçonnerie des
femmes a désormais en vous un adversaire implacable, dit-elle
avec inquiétude.

— Ma première pensée avait été en effet d'invoquer la loi.

La marquise tressaillit.

— Mais la réflexion m'a fait renoncer à ce projet. Provoquer
une instruction, c'eût été livrer aux tribunaux une liste de
noms parmi lesquels je ne pouvais oublier qu'on trouverait en
tête celui de Mme Beyle.

— Vous avez sagement agi.

— La mort d'Amélie m'a d'ailleurs rendu à peu près insen-
sible.

— Alors, monsieur, je puis compter sur votre discrétion?
demanda-t-elle en l'observant.

— Sur ma discrétion seulement.

— Que voulez-vous dire?

— Cette visite est la dernière que je vous fais, madame.

— Vous partez ? vous allez voyager sàns doute ?

— Non, dit Philippe Beyle, je ne suis pas de eeux dont une excursion en Italie ou sur les bords du Rhin cicatrise les blessures. Je reste à Paris. Mais vous me permettrez de ne plus franchir le seuil de cet hôtel, qui me rappellera longtemps de douleureux souvenirs. Entré par hasard et presque violemment dans votre famille, j'en sors par une catastrophe qui doit nous refaire étrangers l'un à l'autre. La marquise de Pressigny a reçu mes adieux. En la revoyant, je craindrais de ne pas me souvenir assez de la tante d'Amélie, et de trop me souvenir de la grande-maîtresse de la Franc-Maçonnerie des femmes.

Puis, il prit son chapeau recouvert d'un crêpe, et il sortit.

# EPILOGUE

Philippe Beyle est aujourd'hui ce qu'il était il y a dix ans. Il est resté dans son chemin, n'avançant ni ne reculant. On évite de lui nuire, mais on ne le protége plus. Il a accepté ce rôle, qui le fait plus indépendant et qui convient mieux à sa fierté.

Il n'a plus revu Marianna. Après la mort d'Amélie, elle aura passé à l'étranger, protégée dans sa fuite par l'invisible puissance de la Franc-Maçonnerie des femmes. Il est impossible que sa haine ne soit pas assouvie maintenant; du moins Philippe Beyle n'en ressent plus les effets.

Semblable à un autre Atlas, Philippe Beyle ne se dissimule pas qu'il porte avec lui un lourd fardeau. Le moindre faux pas peut entraîner la chute du globe maçonnique et le broyer en même temps sous ses décombres. On lui a tendu des piéges de diverses natures, et dont quelques-uns furent, dit-on, recouverts des fleurs les plus enivrantes. Il est toujours sorti victorieux jusqu'à présent de ces épreuves.

A sa gravité naturelle s'est ajoutée une légère teinte de mé-

202 LES MYSTÈRES DU BOULEVARD DES INVALIDES

lancolie ; il est devenu un de ces héros mystérieux qu'on désigne dans les salons en disant : C'est lui ! au grand tourment des curieux qui, après avoir surpris le nom prononcé à voix basse, se demandent d'où vient la renommée attachée à ce nom.

Il n'est pas besoin d'ajouter qu'il a renoncé à décrier les femmes ; il ne parle plus d'elles qu'avec circonspection. S'il raille encore, par un reste d'habitude, ses épigrammes ont tout le parfum des madrigaux. Au-dessus du brasier dévorant qui a englouti ses ardeurs, ses espérances, ses joies, voltige une petite fumée, mince comme celle qui sort du foyer des pauvres gens ; — cette fumée, c'est l'expérience.

Une fois, il lui est arrivé une aventure assez originale. C'était à un de ces bals masqués que donnait encore, quelque temps avant la chute de Louis-Philippe, la princesse C... Fatigué de l'orchestre, Philippe Beyle, errant d'appartement en appartement, avait trouvé un refuge dans un petit salon dont les fenêtres donnaient sur la Seine. Il y était depuis quelques temps, et, nonchalamment assis sur un sofa, il se sentait dans une de ces dispositions qui participent du rêve sans appartenir cependant au sommeil. A plusieurs reprises, il vit s'approcher et tourner autour de lui, avec un air de mystère, plusieurs femmes en dominos roses et en loups de velours. Une d'elles, après avoir hésité, finit par lui toucher l'épaule du bout du doigt, tandis que par un geste elle sembla recommander aux autres femmes de ne pas s'éloigner.

— Que me veux-tu, charmant domino ? dit Philippe Beyle en se soulevant.

— Prends garde ! lui répondit-on ; depuis quelques jours tu as fait des démarches pour te rapprocher de M. Blanchard. Dans ton intérêt, crois-moi, renonce à ce dessein.

— Dans mon intérêt... ou dans le tien ? dit-il devenu sérieux.

— Tu as notre secret, mais nous pouvons te perdre.

— Non, dit-il en se recouchant à moitié sur le sofa.

— Tu es bien confiant, reprit le domino rose ; cependant tu devrais n'avoir pas oublié que tout nous est possible.

— Bah ! répondit Philippe d'un ton léger, vous ne seriez ni assez audacieuses, ni assez malhabiles pour me perdre entièrement. De quoi pourriez-vous me menacer ? du parfum

d'un gant empoisonné ou de la chute d'un moellon ? Fi donc !
Le secret que j'ai surpris est au contraire une garantie de ma
sécurité. Avec cette armure, je marche sans crainte ; je suis
même certain que la Franc-Maçonnerie des femmes tient à
écarter de mes pas jusqu'aux plus vulgaires accidents ; car qui
te dit, charmant domino, qu'au lendemain de ma fin déplorable, un mémoire ne parviendrait pas au public? Le moyen
t semble usé, depuis la scène de Buridan, mais il peut servir
encore. Allons, on ne me prend pas sans vert. J'ai amassé des
trésors de précaution. Rentrez votre épée de Damoclès dans
le fourreau, chères alliées. Me poursuivre jusque dans le bal,
au son d'un motif de Strauss, c'est d'ailleurs de mauvais goût.

L'essaim des dominos roses se dissipa peu à peu.

Cinq ou six seulement restèrent autour de Philippe Boyle,
qui reprit :

— J'avais presque oublié votre association ; pardonnez-moi.
Mais que voulez-vous ? Je me suis habitué à ne plus considérer
la Franc-Maçonnerie des femmes que comme une assurance
sur la vie... Charmant domino, veux-tu valser avec moi ?

# TABLE

F. AUREAU. — IMPRIMERIE DE LAGNY